230 recettes gourmandes pour mincir sur mesure

Du même auteur

Mincir sur mesure grâce à la chrono-nutrition
Albin Michel, 1999
Mincir en beauté là où vous voulez
Albin Michel, 2000

IREN
Institut de Recherche Européen sur la Nutrition
21, rue Royale, 75008 Paris
15, rue d'Elbeuf, 76100 Rouen
Téléphone (centralisé) : 02 35 73 09 23

22, rue Huyghens, 75014 Paris

www.albin-michel.fr

ISBN : 2-226-11441-6

Dr Alain Delabos
Guylène Neveu-Delabos

230 recettes gourmandes

pour mincir sur mesure

Albin Michel

	=	petit déjeuner
	=	déjeuner
	=	goûter
	=	dîner

1 petit bol chinois = 25 cl

1 verre = 15 cl

Sommaire

Introduction

Pour vous tous et vous toutes qui souhaitez retrouver la forme en même temps que des formes harmonieuses, voici un livre de recettes basé sur un nouveau concept nutritionnel s'écartant résolument de tous les sentiers battus par les diététiciens.

Ce n'est donc pas un livre de recettes de plus, mais un livre différent, grâce auquel vous mincirez sans entrer dans le monde rébarbatif de la diététique.

Foin des régimes draconiens et restrictifs, ces régimes dont j'ai un souvenir peu réjouissant et qui vous culpabilisent rien qu'à les lire tant leur simple lecture vous donne des envies d'école buissonnière gastronomique.

L'arrêt du tabac m'a, en effet, gratifié il y a bien des années d'un surpoids de 20 kg s'accompagnant d'un taux alarmant de cholestérol.

Mais les méthodes proposées à l'époque pour lutter contre la prise de poids étaient hélas aussi pénibles à suivre qu'inefficaces à plus ou moins court terme.

J'ai encore le souvenir désagréable de régimes punitions n'apportant que frustrations et sautes d'humeur si difficiles à supporter par l'entourage qu'on finissait par me conseiller fermement de remanger à mon aise.

À l'évidence, tous ces régimes restrictifs menaient à une impasse, il fallait donc chercher une autre voie.

Il est bien connu des biologistes que l'être humain en se civilisant a dévié progressivement de son alimentation ancestrale et modifié sa silhouette au gré des civilisations, ce que confirment les observations des ethnologues et des paléontologues.

Dans le cas où l'exagération de ce déséquilibre avait entraîné des anomalies physiques ou biologiques de l'organisme, soumettre celui-ci à une alimentation restrictive provoquait un déséquilibre en miroir, responsable de « retours de bâtons » parfois spectaculaires se traduisant par une prise de poids supplémentaire d'autant plus importante que le régime avait été sévère.

L'aboutissement de mes réflexions m'amena à trouver une solution simple et évidente à laquelle personne n'avait apparemment jamais pensé : plutôt que de restreindre arbitrairement l'alimentation, pourquoi ne pas essayer tout simplement d'obéir aux règles de la *Chrono-biologie* humaine.

Bien connue des scientifiques, celle-ci dicte, en effet, à l'organisme de puiser dans ses réserves nutritionnelles à des moments précis de la journée en fonction de ses besoins.

Il fallait donc respecter cet équilibre permanent en apportant au corps ce dont il a besoin au moment où il en a besoin et rien de plus.

« Charité bien ordonnée commence par soi-même » dit-on.

Je m'empressai d'expérimenter sur moi-même le résultat de mes recherches et me sentis rapidement mincir en même temps que mon taux de cholestérol redevenait normal. La *Chrono-nutrition* était née.

En ma qualité de médecin, j'avais le devoir d'en faire profiter les autres. Il me fallait donc rendre publique la méthode qui m'avait permis d'atteindre mon but : perdre mes kilos superflus et retrouver la santé, tout en mangeant une nourriture équilibrée.

Tâche en vérité bien difficile : il fallait balayer cette crainte déraisonnable de certains aliments, débarrasser les autres victimes des régimes de leur phobie de toute normalité alimentaire et enfin les aider à sortir de ce monde à l'envers où tout ce qui est agréable devient redoutable et où tout aliment inutile ou appauvri est, paradoxalement, promu au rang de nutrition raisonnable.

Il fallait, en un mot, faire comprendre que la *Chrono-nutrition* permet de manger de tout... mais pas n'importe comment et pas n'importe quand.

Ce concept que j'avais appliqué à moi-même fut donc testé et validé par le professeur Jean-Robert Rapin, puis mis au point par l'équipe de l'IREN (Institut de recherche européen sur la nutrition) dont le professeur est le directeur scientifique.

Notre première tâche fut de faire connaître les travaux de l'institut en apportant régulièrement, à travers les publications, la preuve scientifique que l'on peut mincir sans peine, sans s'interdire une vie normale, aussi bien sociale que familiale.

L'ouverture au public de l'IREN permit ensuite de diffuser largement nos conseils alimentaires. La dernière étape est aujourd'hui ce livre, qui vous permettra de mettre en pratique au quotidien nos découvertes.

En respectant la *Chrono-biologie* de son corps grâce aux recettes de cuisine qui vont suivre, toutes basées sur les principes de la *Chrono-nutrition*, chacun d'entre vous pourra ainsi retrouver l'idéal de sa forme et de ses formes.

Pour ne pas décourager les candidates et les candidats de cette approche nouvelle, il fallait impérativement que ces recettes répondent à 4 critères :

- simplicité ;
- coût peu élevé ;
- rapidité d'exécution ;
- facilité.

Il était donc préférable de faire appel à une cuisine de maîtresse de maison et de mère de famille, plutôt qu'à celle d'un professionnel.

Rédigées au rythme de 10 chaque mois, inventées, réalisées par Guylène, mon épouse, goûtées, regoûtées, appréciées, puis écrites par mes soins, ces recettes sont toujours innovantes et faciles à réaliser.

L'inspiration vient de ce qui reste dans le réfrigérateur, de la saison, de l'humeur, des envies, ou du temps dont on dispose.

L'important est que cette cuisine soit instinctive et jamais programmée.

Pas de savantes préparations, mais un style de vie aussi agréable que naturel grâce à une alimentation qui diffère des *a priori* de la diététique.

La partie sera gagnée quand il vous semblera naturel de manger ainsi, aussi bien chez vous qu'au restaurant ou à la cantine, sans que vous ayez l'impression de sortir des sentiers battus.

Pour faire un costume, il faut d'abord le couper selon un patron avant de le glisser sous la machine à coudre.

Revoyons donc le schéma de notre alimentation quotidienne assujettie à la *Chrono-nutrition*.

Libre ensuite à une bonne cuisinière, ou à un bon cuisinier, de déployer toute son imagination pour transformer une discipline alimentaire en un véritable art culinaire.

Les bases

■ *Comment réussir à mincir sans se martyriser*

La solution est à la portée de tous : en mangeant d'une façon naturelle. Ce qui permet de retrouver son équilibre et sa santé. La *Bio-nutrition* peut se décliner en 4 thèmes :
- la *Chrono-nutrition* : comment parvenir à équilibrer son alimentation au cours de la journée ;
- la *Morpho-nutrition* : comment donner à son corps les formes qu'on souhaite ;
- la *Théra-nutrition* : comment se soigner grâce aux aliments ;
- la *Géo-nutrition* : comment se nourrir partout dans le monde.

■ *Qualité et quantité*

Ce sont les deux principes fondamentaux de la *Chrono-nutrition* pour satisfaire, chaque jour, aux besoins en énergie de notre organisme. Maintenir notre corps en parfait état demande que nous obéissions à notre cerveau primitif, celui qui fait passer la survie et la nécessité avant les envies. Et non à ce cerveau, dit civilisé, qui nous incite à ingurgiter n'importe quoi à n'importe quel moment. Exemple ? Ne jamais commencer la journée sans manger. Ne pas la terminer en se goinfrant. Ou alors gare aux signes d'usure dès la quarantaine !

■ *Être en forme plus qu'en « formes »*

Voilà une devise que vous devez faire vôtre. Pour cela, il suffit de manger intelligemment, en respectant 4 règles impératives :

- **Règle n° 1.** Respecter l'organisation des repas :
  - gras le matin ;
  - dense à midi ;
  - sucré l'après-midi ;
  - léger le soir.

• **Règle n° 2.** Respecter la composition des 4 repas :

- *Matin* : fromage
  pain
  beurre

- *Midi* : viande
  féculents

- *Goûter* : gras végétaux
  fruits

- *Soir* : poisson ou fruits de mer à volonté
  ou un peu de viande blanche
  légumes verts

• **Règle n° 3.** Ne jamais intervertir ni l'ordre des repas, ni les proportions dans ces repas.

• **Règle n° 4.** Augmenter ou diminuer les quantités de protéines animales et de lipides animaux ou végétaux. Mais attention à ne pas augmenter sans raison profonde les quantités de végétaux.
Votre silhouette est à ce prix : respecter les quantités et les proportions données dans les recettes.

2 repas joker par semaine
Pensez aussi que vous avez droit à 2 repas joker dans la semaine et que vous pourrez à ce moment-là laisser libre cours à vos envies... Tout est permis.
Pour vous guider, voici une journée type, selon les principes de l'IREN (Institut de recherche européen sur la nutrition).

La journée type

Le petit déjeuner

- 100 g de tous les fromages qu'on voudra ,
- 70 g de pain, frais ou grillé ;
- 20 g de beurre doux ou salé ;
- thé, café, infusion, tisane, eau plate ou pétillante... sans lait ni sucre.

Le déjeuner

- 250 g de viande environ (suivant votre taille), blanche ou rouge, en sauce ou pas. Ex. votre taille en cm + 100 g (pour 1,70 m = 270 g) ·
- ou 250 g de poisson environ (suivant votre taille) ;
- ou 3 ou 4 œufs en omelette, durs, mollets, brouillés...
- 1 petit bol chinois de féculents (pâtes, riz, purée, frites...), chauds ou froids, même au beurre ou en vinaigrette. On peut remplacer par 50 g de pain.

Le goûter

À partir de 16 h et aussi tard qu'on voudra :

- **des gras végétaux** :
- 30 g de chocolat noir ;
- ou 1/2 petit bol chinois de graines (noix, noisettes, pignons, sésame, noix de pécan, pistaches...) ;
- ou 1/2 petit bol chinois d'olives ;
- ou 1 avocat au sucre ou à la vinaigrette.
- **des fruits et dérivés sucrés** :
- 1 petit bol chinois de fruits frais ;
- ou 1/2 petit bol chinois de fruits secs (raisins, abricots, figues, fruits exotiques... mais pas de graines) ;
- ou 2 pommes cuites avec confiture, miel, sirop d'érable, etc. ,
- ou 2 grands verres de jus de fruits naturel...

Le dîner

- si l'on n'a pas faim : rien... à condition de penser à boire ;
- si l'on a une petite faim : poisson maigre ou fruits de mer à volonté, ou 130 g maximum de viande blanche, de préférence sans sauce ;
- si l'on a très faim : poisson gras à volonté, en sauce ou pas ;
- 1 petit bol chinois de légumes verts toujours cuits en hiver, cuits ou crus en été, et qui peuvent être dans les deux cas en vinaigrette.

Les boissons

Je l'ai dit pour le petit déjeuner, et c'est valable pour toute la journée, tous les jours de la semaine, on boira à volonté : eau plate ou pétillante, thé, café, tisane sans lait ni sucre et, bien entendu, aucune autre boisson, pas plus alcoolisée qu'artificielle. Donc pas de vin, à l'exception bien sûr des deux repas par semaine où tout est permis.

Et les cas particuliers ?

Eh bien, il faudra adapter les principes généraux de la *Chrono-nutrition*. Toutes les recettes sont mesurées en quantités correspondant à l'alimentation d'hommes ou de femmes de 1,70 m normalement actifs, quel que soit leur âge.
Pas d'activité physique de toute la journée ? Alors, diminuez le volume de vos repas.
Mais attention ! C'est la part végétale (légumes) que l'on diminuera en premier et non la part animale (poisson, viande). Donc, pas de dîner de légumes sous prétexte que vous n'avez pas faim. Mais un filet de poisson, ou un blanc de volaille, voilà la bonne réaction.
D'ailleurs, pourquoi vous astreindre à manger le soir si vous n'avez pas faim ? Voilà un repas que l'on peut facilement sauter, contrairement au petit déjeuner, repas-clé de la journée.
Malgré tout, le soir, vous êtes tenaillé par un appétit féroce ? Augmentez poisson et fruits de mer, qui peuvent être pris à volonté.
Par contre, viandes blanches et volailles ne devront jamais dépasser 40 g de moins que votre hauteur en cm, soit 130 g maxi si vous mesurez 1,70 m.
Si vous êtes une mamie qui s'occupe de ses petits-enfants, joue au bridge très tard, s'éclate en voyage à l'autre bout du monde ? Surtout, mangez bien et avec bonheur. Et je vous promets que nous fêterons votre centenaire, coupe de champagne en main.

De la Chrono-nutrition à la Morpho-nutrition

Nos formes sont le reflet fidèle de nos habitudes alimentaires. Les différents aliments, féculents, salades, sucres ou autres choisissent chacun un lieu précis de stockage dans notre corps.
La *Morpho-nutrition* est l'art et la manière de maîtriser parfaitement sa silhouette en respectant les règles de la *Chrono-nutrition*.
Elle en est l'extrapolation et prendra sa suite pour ajouter la beauté au bien-être.
Rien de plus facile que de jouer sur les quantités ingérées pour diminuer ou augmenter les volumes de son corps. C'est ce que je développe dans mon livre *Mincir en beauté là où vous voulez* où j'explique comment modifier votre silhouette à votre gré.

Voilà pour le côté technique de cet art de vivre.
Mais pour bien s'y conformer et s'y adapter à tout jamais, il m'a paru nécessaire d'associer fantaisie et sagesse, plaisir et discipline. Au quotidien, une bonne cuisinière pourra déployer toute son imagination pour transformer une discipline alimentaire en un véritable art culinaire.

Le petit déjeuner

Les fondations de la journée

Ne vous privez surtout pas de commencer la journée en beauté.
Que vous flâniez au lit ou que vous démarriez sur les chapeaux de roues, voilà le repas-clé.
Ne le négligez pas, au risque d'éprouver jusqu'au soir une sensation de faim.

Le menu du petit déjeuner

Les jours d'activité	*Les jours de repos*
100 g de fromage ;	70 g de fromage ;
70 g de pain ;	50 g de pain ;
20 g de beurre ;	10 g de beurre ;

thé, café, infusion, tisane, eau plate ou pétillante à volonté, sans sucre ni lait.

Que vous soyez jeunes ou vieux, hommes ou femmes, grands ou petits, sédentaires ou hyperactifs, le menu minimum du petit déjeuner sera celui indiqué plus haut, y compris pour les enfants, dès qu'ils seront sevrés ; il faudra les laisser se nourrir à volonté pour leur permettre de préserver leur instinct.
Quant à vous, les adultes, même si cela vous paraît beaucoup... Mangez sans crainte.

Et n'oubliez pas que, si vous êtes voyageur d'affaire ou touriste, tous les hôtels internationaux proposent un petit déjeuner qui permet de respecter les principes de la *Chrono-nutrition*.

Petit déjeuner à l'anglaise

2 œufs sur le plat ;
2 tranches de jambon ;
4 tartines de pain complet bien beurrées ;
thé à volonté, sans sucre ni lait.

Petit déjeuner à l'allemande

2 œufs brouillés ou en omelette ;
2 saucisses (de Strasbourg, par exemple) ;
1 tranche de petit salé ;
70 g de pain de campagne ;
café à volonté, sans sucre ni lait.

Sur ce schéma, les fantaisies hôtelières greffent, hélas, une importante quantité de sucres plus ou moins rapides contenus dans les jus de fruits, confitures, fruits frais ou secs, compotes, pains de mie, pains au lait, préparations céréalières.
Pire encore, aux Canaries, on m'a proposé au lieu du jus de fruits traditionnel... du champagne !
Il faudra exclure totalement les yaourts et le lait. La transformation du lactose en galactose inonde l'organisme de sucres, non pas lents comme certains le prétendent, mais retardés.
Le sucre, rappelons-le, est un carburant rapide et un merveilleux défatigant, quand il est pris en temps utile c'est-à-dire dans l'après-midi, au moment où apparaît une sécrétion d'insuline qui va faire chuter de façon spectaculaire le taux de sucre dans le sang et provoquer un malaise plus ou moins intense, ou simplement une grosse fatigue.
Par contre, le matin, si parfois l'idée d'avoir à affronter la journée peut vous donner l'envie d'aller vous recoucher, il ne s'agit pas d'une fatigue liée à un manque de sucres rapides mais d'une difficulté à sortir du sommeil.

Petit déjeuner à la française

100 g de pont-l'évêque fait à votre goût ;
70 g de pain de campagne ;
20 g de beurre d'Échiré salé au sel de Guérande ;
thé, café, infusion, tisane, eau plate ou pétillante
à volonté, sans sucre ni lait.

Les meilleurs starters de votre mise en train : le café et sa caféine, le thé et sa théine, associés à des corps gras utiles, des protéines animales, des protéines végétales et des sucres lents.
Réservez donc les aliments sucrés pour d'autres moments de la journée. Par exemple pour dissiper le coup de pompe ou la mauvaise humeur de fin d'après-midi.
Peur de manquer de vitamine C ? Rassurez-vous, elle est présente dans le pain en quantité suffisante pour démarrer vos activités quotidiennes.

Et si...

■ *Vous n'aimez pas le fromage*

Cachez-le dans des croque-monsieur, des tourtes, des gâteaux salés. Essayez 1 petit bol chinois de fromage blanc additionné de condiments, aromates, poivre, sans oublier 1 bonne cuillerée à soupe de crème fraîche, car le fromage blanc ne contient pas assez de lipides pour répondre à la quantité souhaitable le matin.

Si on aime la fraîcheur

1 petit bol chinois de fromage blanc
\+ 1 cuil. à soupe de crème fraîche
\+ 1 cuil. à café de basilic ciselé

■ *Vous n'aimez pas le pain*

On peut le remplacer par des compositions pâtissières salées, fourrées au fromage, à base de pâte brisée ou feuilletée. Mais surtout ni céréales, ni biscuits, qui contiennent des sucres rapides.

■ *Vous n'aimez pas le beurre*

Augmentez de 20 g votre part de fromage. Vous retrouverez la vitamine A dans d'autres aliments au cours de la journée (foie, jaune d'œuf, lait, carottes, épinards, tomates, abricots...)

Vous mettrez alors directement ce fromage sur le pain et vous pourrez même utiliser du fromage à tartiner bien qu'il soit loin d'être parmi les meilleurs pour un gourmet.

Ainsi commencée par un solide petit déjeuner, la matinée, même si elle est bien remplie, vous paraîtra d'emblée beaucoup moins longue.
Au bout de quelques jours, vous vous apercevrez que vous êtes délivré de cette fringale incontestable qui vous poussait au bout de quelques heures à regarder votre montre dans l'attente d'une ruée sauvage vers un déjeuner salvateur. Faites preuve d'imagination, variez vos tartines de fromages à l'infini et découvrez chaque jour de nouvelles saveurs...

Si la matinée est trop longue

Exceptionnellement, si vous devez déjeuner très tard et que votre matinée est trop longue, vous pouvez boire dans l'heure qui précède votre déjeuner :
1 grand verre de jus de fruits naturel (25 cl), si possible un jus d'agrumes (orange, clémentine, pamplemousse...).

Pâte brisée salée

Pour 250 g de pâte

Préparation : 10 min

INGRÉDIENTS

135 g de farine
1 œuf
55 g de beurre
1/2 citron (zeste) (facultatif)
1 pincée de sel fin

• Dans un saladier, mélanger l'œuf, le zeste haché finement, le sel et le beurre ramolli.
• Travailler 2 min au fouet puis ajouter lentement la farine tout en fouettant.
• Terminer en pétrissant rapidement à la main.
• Former une boule, l'envelopper d'un linge et laisser reposer dans le bas du réfrigérateur.
• Il est préférable de la faire la veille, elle sera plus facile à étendre.
• La pâte sera pétrie le moins de temps possible pour éviter qu'elle ne devienne dure et cartonneuse à la cuisson.

Bon à savoir
Cette pâte se congèle très bien.

Tartines de Rouy aux graines de sésame

Pour 1 personne

Préparation : 5 min

INGRÉDIENTS

70 g de pain aux graines de sésame
100 g de Rouy
20 g de beurre demi-sel
1 cuil. à café de graines de sésame

- Fendre le pain en deux, le faire griller juste assez pour qu'il soit doré mais reste bien moelleux.
- Le tartiner de beurre, étaler sur toute sa surface de fines tranches de Rouy.
- Parsemer de graines de sésame.

Bon à savoir

Les graines de sésame sont là pour rehausser le goût du pain, mais il est évident que, pour un petit déjeuner vite fait, elles ne sont pas obligatoires.

Neufchâtel en tartinettes

Pour 1 personne

Préparation : 10 min
Cuisson : 2 à 3 min

INGRÉDIENTS

100 g de neufchâtel
80 g de baguette de pain
1/2 cuil. à café de paprika
4 brins de ciboulette
Poivre mignonnette (poivre concassé)

- Couper le pain et le neufchâtel en rondelles.
- Poser les tranches de fromage sur les rondelles de pain (12 ou 15).
- Couper finement la ciboulette sur 4 à 5 tartinettes.
- Saupoudrer de paprika les 4 à 5 tartinettes suivantes et de poivre mignonnette les dernières.
- Passer sous le gril du four 2 à 3 min.

Bon à savoir

- *Vous pouvez suivre la même recette avec du camembert, du gruyère râpé, du livarot...*
- *Pensez aussi à varier les herbes et les épices...*

Tartines de roquefort aux noix

Pour 2 personnes

Préparation : 10 min

Ingrédients

160 g de roquefort
25 g de cerneaux de noix
140 g de pain de campagne
40 g de beurre

• Couper le roquefort et le beurre en petits morceaux.
• Les passer au mixeur avant d'ajouter les noix hachées grossièrement.
• Tartiner sur des tranches de pain de campagne légèrement grillées.

Bon à savoir
Le roquefort étant un fromage au goût fort, il vaudra mieux éviter de boire pour l'accompagner des tisanes ou de l'eau plate. Un café africain ou un thé fumé seront par contre les bienvenus.

Camembert en tartines chaudes à la ciboulette

Pour 1 personne

Préparation : 5 mn
Cuisson : 2 à 3 min

INGRÉDIENTS

100 g de camembert
1/3 de baguette de pain blanc
20 g de beurre
6 brins de ciboulette

- Couper la baguette en deux dans le sens de la longueur.
- Étaler 10 g de beurre sur chaque tartine.
- Éparpiller dessus la ciboulette ciselée.
- Recouvrir avec le camembert en petits morceaux.
- Passer au four sous le gril 2 à 3 min.

Bon à savoir

Le camembert doit être onctueux et doré mais pas filant. Surveillez bien la cuisson.

Cancoillotte

Pour 2 personnes

Préparation : 5 min
Trempage : 1 nuit
Cuisson : 5 à 10 min

INGRÉDIENTS

200 g de metton
1 gousse d'ail
1 jaune d'œuf

- Mettre le metton dans une casserole.
- Couvrir d'eau et laisser gonfler 1 nuit, puis ajouter la gousse d'ail hachée sans le germe, en l'incorporant à la spatule.
- Faire chauffer à feu très doux en ajoutant le jaune d'œuf jusqu'à transformation en pâte onctueuse.

Bon à savoir

- *Le metton est un fromage blanc séché de Franche-Comté.*
- *On utilisera cette pâte au petit déjeuner à la place du beurre et du fromage à tartiner sur 70 g de pain par personne.*
- *On peut remplacer le metton par 200 g de boulette d'Avesnes, qu'on n'aura pas besoin de faire gonfler avant d'y ajouter la gousse d'ail.*

Méli-mélo de chèvre frais et de roquefort à la crème

Pour 2 personnes

Préparation : 5 min
Cuisson : 5 min

INGRÉDIENTS

100 g de chèvre frais
60 g de roquefort
2 cuil. à soupe de crème fraîche
140 g de pain à l'ancienne
Sel, poivre du moulin

- Écraser le roquefort à la fourchette.
- Le mélanger avec le chèvre et la crème fraîche.
- Poivrer et saler très largement.
- Tartiner les tranches de pain de la préparation et faire dorer au four environ 5 min.

Bon à savoir

Surveillez bien la cuisson, le fromage ne doit surtout pas brunir.

Tarte au pont-l'évêque et au livarot

Pour 4 personnes

Préparation : 15 min
Cuisson : 35 min

INGRÉDIENTS

250 g de pâte brisée (voir p. 24)
1 pont-l'évêque
1/2 livarot
25 cl de crème fraîche
1 noix de beurre pour le moule
4 œufs
Sel, poivre du moulin

• Étaler la pâte, en garnir un moule à tarte de 25 cm de diamètre, bien beurré, piquer la pâte avec une fourchette.
• Laisser en attente au réfrigérateur.
• Ôter la peau des fromages et les couper en dés de 1 cm de côté.
• Préchauffer le four à 210 °C (th. 7).
• Dans un saladier, casser les œufs, les fouetter avec la crème, saler et poivrer.
• Disposer les dés de fromages sur le fond de tarte puis le contenu du saladier et enfourner pendant 35 min environ.

Bon à savoir
• *La tarte peut se déguster chaude ou tiède, on peut d'ailleurs la congeler et la réchauffer au four traditionnel (éviter le micro-ondes qui ramollirait la pâte).*
• *Vous pouvez utiliser de la pâte brisée surgelée, à condition de la choisir « pur beurre ».*

Tarte au maroilles et aux petits lardons

Pour 4 personnes

Préparation : 10 min
Cuisson : 25 min

INGRÉDIENTS

250 g de pâte brisée
100 g de maroilles
40 g de lardons
2 œufs
100 g de crème fraîche
1 noix de beurre
1 cuil. à café de farine
Sel, poivre du moulin

- Dans une poêle antiadhésive, faire revenir les lardons.
- Préchauffer le four à 210 °C (th. 7).
- Tapisser un moule à tarte beurré et légèrement fariné avec la pâte brisée.
- Couper le maroilles en petits dés, le mélanger dans un saladier avec les œufs battus en omelette, la crème fraîche, les petits lardons sautés.
- Bien poivrer mais saler très légèrement à cause des lardons.
- Mettre à cuire au four pendant environ 20 min, jusqu'à ce que la surface de la tarte soit dorée.
- Servir chaud.

Bon à savoir

- *Cette tarte peut se préparer la veille et se réchauffer au four mais pas au micro-ondes qui ramollirait la pâte.*
- *Vous pouvez utiliser de la pâte brisée surgelée, à condition de la choisir « pur beurre ».*
- *Vous pouvez préparer cette tarte en vue de plusieurs petits déjeuners individuels et la découper en 4 parts individuelles que vous congèlerez.*

Quiche lorraine

Pour 4 personnes

Préparation : 15 min
Cuisson : 45 min

INGRÉDIENTS

250 g de pâte brisée
200 g de lardons fumés et découennés
150 g de crème fraîche
4 œufs
1 pointe de noix muscade
Sel, poivre blanc

MATÉRIEL

1 moule à tarte antiadhésion de 24 cm de diamètre
1 feuille de papier sulfurisé

• Préchauffer le four à 200 °C (th. 6-7).
• Garnir le moule de pâte. Piquer la pâte à l'aide d'une fourchette tous les 3 cm environ.
• Garnir d'une feuille de papier sulfurisé recouverte de petits cailloux ronds ou de haricots secs.
• Enfourner et précuire pendant 10 min.
• Pendant ce temps, faire revenir les lardons dans une poêle qu'on veillera à maintenir à feu doux pour qu'ils ne durcissent pas.
• Après les 10 min de précuisson, sortir la tarte du four et laisser celui-ci en attente à 200 °C.
• Enlever le papier de cuisson et disposer les lardons sur le fond de tarte en appuyant légèrement pour qu'ils restent pris dans la pâte.
• Dans un saladier, mélanger les œufs et la crème, poivrer, saler modérément à cause des lardons, ajouter une pointe de noix muscade, verser sur le fond de quiche et enfourner 30 min en veillant à ne pas laisser bouillir la garniture et en surveillant la couleur.
• Quand elle est dorée, vérifier la cuisson avec la pointe d'un couteau qui doit ressortir propre quand la tarte est à point.

Bon à savoir
• *Vous pouvez utiliser de la pâte brisée surgelée, à condition de la choisir « pur beurre ».*
• *Vous pouvez couper cette tarte en parts individuelles à congeler et à réchauffer au four traditionnel.*

Quiche au roquefort

Pour 4 personnes

Préparation : 10 min
Cuisson : 40 min

INGRÉDIENTS

250 g de pâte brisée (voir p. 24)
125 g de roquefort
4 œufs
10 cl de lait
10 cl de crème fraîche
1 noix de beurre pour le moule
1 pointe de noix muscade
Poivre du moulin

- Préchauffer le four à 225 °C (th. 7-8).
- Beurrer un moule à tarte, y étaler la pâte en appuyant sur les bords du moule, la piquer avec une fourchette de part en part.
- Couvrir de papier sulfurisé, disposer des lentilles ou des haricots secs, cuire 10 min au four.
- Écraser le roquefort à la fourchette.
- Mélanger les œufs, le lait, la crème, poivrer et ajouter 1 pointe de noix muscade.
- Disposer le roquefort sur le fond de tarte et verser dessus la préparation.
- Faire cuire 20 min à 275 °C (th. 9) et 10 min à 230 °C (th. 7-8).
- Couper en 4 parts et servir.
- Accompagner de thé de Chine fumé ou de thé au jasmin.

Bon à savoir

- *Vous pouvez utiliser de la pâte brisée surgelée, à condition de la choisir « pur beurre ».*
- *Les légumes secs servent à empêcher la pâte de gonfler et de se gondoler à la cuisson. On pourra les conserver et les réutiliser plusieurs fois.*

Croque-monsieur campagnard

Pour 1 personne

Préparation : 5 min
Cuisson : 1 min

INGRÉDIENTS

- **4 tranches de pain de campagne**
- **2 tranches de jambon cru**
- **40 g de beurre**
- **80 g de fromage à cuire ou de gruyère râpé**

• Faire griller légèrement les tranches de pain de campagne, en tartiner 2 avec le beurre, ajouter sur chacune 1 tranche de jambon pliée en quatre et 20 g de fromage, couvrir avec les 2 autres tranches de pain.
• Parsemer le dessus des croque-monsieur de 20 g de fromage chacun.
• Faire chauffer 1 min au four micro-ondes position maximum.

Bon à savoir
Si vous n'avez pas de micro-ondes, ne faites pas griller les tranches de pain, préparez vos croque-monsieur et passez-les 5 min à four très chaud.

Pâte à crêpes

Pour 12 crêpes

Préparation : 10 min
Repos de la pâte : 2 à 3 h

INGRÉDIENTS

125 g de farine de sarrasin
1 œuf
25 cl de lait
1 pincée de sel

• Mettre la farine dans une terrine, creuser un puits. Y casser l'œuf entier. Ajouter le sel et un peu de lait tiédi.
• Travailler à la cuillère en bois en incorporant peu à peu la farine aux ingrédients du puits. Mouiller progressivement avec le lait, jusqu'à ce que la pâte soit bien homogène et lisse. Si besoin, ajouter un peu d'eau. La consistance doit être souple, mais pas trop liquide.
• Laisser reposer la pâte 2 à 3 h, recouverte d'un film alimentaire.

Bon à savoir

• *Vous pouvez congeler cette pâte en portions dont la taille dépendra de votre utilisation (compter 2 petites louches pour 1 personne).*
• *Vous pouvez remplacer la farine de sarrasin par de la farine de froment, mais cela sera moins nourrissant.*
• *Cette pâte servira de base à des repas du matin mais aussi du midi et dans ce cas, elle remplacera les féculents.*

Crêpes au sarrasin, aux œufs et au fromage

Pour 2 personnes

Préparation : 5 min
Cuisson : 5 à 10 min

INGRÉDIENTS

4 petites louches de pâte à crêpes de sarrasin (voir p. 36)
4 œufs
100 g de gruyère râpé
Sel, poivre du moulin

- Dans une crêpière très chaude, bien graissée ou antiadhésive, verser 1 petite louche de pâte d'un mouvement circulaire en inclinant la poêle.
- Cuire la première face puis retourner la crêpe.
- Parsemer sur toute sa surface 25 g de gruyère râpé, casser 1 œuf au-dessus, saler, poivrer.
- On servira dès que le blanc sera pris.

Bon à savoir

Ce petit déjeuner particulièrement nourrissant convient aux matinées très actives, mais pas trop longues, car son temps d'assimilation est assez court en raison de sa teneur réduite en fromage.

Œufs à la coque, mouillettes surprises

Pour 1 personne

Préparation : 10 min
Cuisson : 5 min environ

INGRÉDIENTS

- **2 œufs**
- **30 g de mimolette**
- **30 g de gruyère**
- **70 g de pain de campagne**
- **20 g de beurre demi-sel**
- **1/2 cuil. à café de persil haché**

• Couper des lamelles dans la mimolette et le gruyère.
• Couper une tranche épaisse de pain de campagne, la faire légèrement griller, la beurrer, la parsemer de persil et la découper en mouillettes. Déposer sur ces mouillettes les lamelles de fromage.
• Mettre les œufs dans une casserole, les recouvrir d'eau froide. Porter à ébullition sur feu vif.
• Dès que l'eau bout, les œufs sont cuits si vous aimez le blanc laiteux.
• Laisser bouillir 30 s de plus si vous désirez le blanc pris et 30 s supplémentaires pour un blanc bien pris.
• Saler, poivrer et déguster avec les mouillettes.

Bon à savoir

• *Si vous prenez ce plat au moment du petit déjeuner, il vaut mieux ne pas remanger d'œufs au cours de la journée.*
• *Ces œufs à la coque peuvent se manger le midi, en ajoutant 1 ou 2 œufs. Mais il faudra réduire la mimolette et le gruyère à 20 g chacun et ne pas ajouter de féculents que le pain remplace.*

Œufs brouillés au lard et aux saucisses

Pour 2 personnes

Préparation : 5 min
Cuisson : 10 min

INGRÉDIENTS

2 œufs
2 saucisses de Francfort
60 g de lardons
10 g de beurre

• Couper les saucisses en cubes, les faire revenir avec les lardons dans une poêle antiadhésive chaude.
• Quand ils sont dorés, casser les œufs dessus et remuer pour bien mélanger le blanc et le jaune jusqu'à la cuisson désirée en y ajoutant le beurre par petits copeaux en fin de cuisson.

Accompagnement

1/2 baguette tartinée de 10 g de beurre, par personne.

Bon à savoir

• *Ce solide petit déjeuner est particulièrement bienvenu pour un long matin d'hiver.*
• *On pourra facilement en faire son déjeuner en doublant les rations mais en remplaçant le pain par 1 bol chinois de frites ou d'un autre féculent.*
• *On pourra, si la matinée n'est pas très active, déjeuner plus légèrement le midi sans fringale gênante.*
• *Dans tous les cas, si vous prenez ce plat le matin, ne mangez ni œufs ni charcuteries le midi qui suit.*

Œufs en gelée à la mimolette

Pour 2 personnes

Préparation : 10 min
Cuisson : 5 min

INGRÉDIENTS

4 œufs
1 sachet de gelée
100 g de mimolette en dés
2 tranches de pain de campagne beurrées
1 brin d'estragon
Sel

• Plonger doucement les œufs dans l'eau bouillante salée, pendant 5 min. Il faut saler largement l'eau pour que la coquille des œufs n'éclate pas. Les refroidir dans l'eau glacée puis les écaler.
• Préparer la gelée suivant le mode d'emploi du sachet et laisser refroidir, puis tapisser des petits moules ronds d'une couche de gelée et faire prendre au réfrigérateur.
• Déposer ensuite dans les moules quelques feuilles d'estragon puis l'œuf et quelques dés de fromage, recouvrir de gelée et faire prendre au réfrigérateur.
• Recouvrir 2 assiettes à dessert d'une fine couche de gelée et laisser au frais.
• Au moment de servir, démouler les œufs en les trempant un instant dans l'eau très chaude et les déposer au centre des assiettes. Déguster avec 2 tranches de pain de campagne beurrées.

Bon à savoir
• *Ce petit déjeuner ne devra pas être suivi d'un déjeuner du midi comportant des œufs.*
• *Le midi, les viandes blanches suffiront à calmer l'appétit.*

Soupe à l'oignon gratinée

Pour 2 personnes

Préparation : 10 min
Cuisson : 25 min

INGRÉDIENTS

3 oignons moyens
6 tranches de pain complet bien sec
1 cuil. à soupe de farine
75 cl de bouillon de viande
2 cuil. à soupe d'huile d'olive
160 g de gruyère râpé
Sel, poivre blanc

• Faire chauffer l'huile à feu doux dans une casserole et y faire fondre les oignons coupés en tranches bien fines. Les laisser juste prendre couleur, saupoudrer alors de farine, remuer en laissant légèrement se colorer le mélange.
• Verser le bouillon et faire cuire pendant 20 min.
• Poivrer et saler légèrement.
• Préchauffer le four à 250 °C et faire griller les tranches de pain.
• Prendre 2 bols à gratin. Dans chacun d'eux, déposer 1 tranche de pain, y répartir dessus 1/3 de gruyère et verser la moitié du bouillon.
• Mettre une deuxième tranche, le deuxième tiers de fromage et verser le reste du bouillon.
• Poser la troisième tranche recouverte du troisième tiers de fromage.
• Faire gratiner au four 3 à 4 min, jusqu'à ce que le fromage soit doré.

Bon à savoir

• *On peut remplacer le bouillon fait maison par un sachet de soupe à l'oignon qu'on préparera en suivant les indications notées sur le sachet.*
• *Le bouillon peut se préparer d'avance, ce qui permettra de ne pas perdre de temps le matin.*
• *Vous êtes peut-être surpris par une recette de soupe au petit déjeuner, mais celle-ci a déjà fait beaucoup d'adeptes et les recettes de soupe sont souvent plébiscitées par nos lecteurs.*

Le déjeuner

Pour consolider la construction de votre journée

C'est sur la journée entière que s'établit l'équilibre nutritionnel de votre organisme. C'est la découverte essentielle de la *Chrono-nutrition.*

Le menu du déjeuner

Viande : 100 g de plus que sa hauteur
soit pour une personne de 1,70 m : 170 + 100 = 270 g

1 petit bol chinois de féculents (riz, pâtes, frites...)

pas d'entrée (sauf si l'on scinde la viande en entrée + plat)
pas de salade
pas de fromage
pas de dessert
pas de vin
pas de pain (sauf s'il remplace la part de féculents, dans ce cas 50 g maxi, soit 1/4 de baguette)

Le déjeuner est aujourd'hui le mal-aimé de nos repas. Bâclé dans les restaurations rapides, caricaturé dans les sandwicheries, oublié au profit du lèche-vitrine, ou remplacé par 1 heure de gymnastique.
Mauvais calcul. Oublier le déjeuner peut avoir des conséquences fâcheuses sur votre silhouette et votre santé.
C'est en fin d'après-midi que votre organisme va faire le point sur la qualité et la quantité de nourriture qu'on lui a fait ingérer.
Inutile d'espérer le tromper par l'accumulation d'aliments légers ou allégés, destinés à occuper le plus grand volume possible. Notre organisme, comme une machine bien huilée, évalue son quota nécessaire de carburant utile. S'il en manque, gare au pire !
Mauvaise humeur, faim perpétuelle après une fugace sensation de bien-être, faim dévorante le soir et mauvaise nuit... En bout de course, si vous persistez dans cette voie insidieuse du déjeuner déséquilibré ou absent, attendez-vous à une croissance inexorable du poids et des formes.
Le déjeuner sera composé de plus de protéines animales et de moins de lipides que le matin. Sans oublier une petite quantité de protéines végétales et de sucres lents.

Pour rompre la monotonie de votre déjeuner, rien ne vous empêche de scinder la part de viande en deux : une partie en entrée (par exemple 130 g de rôti de porc froid avec des cornichons) et une partie en plat (par exemple 150 g de bœuf en daube).
Et si vous avez choisi de ne pas dîner le soir précédent, vous pouvez carrément vous offrir une bonne part de poisson en entrée. Tous les poissons peuvent servir d'entrée à un déjeuner.

■ *Comment rater son déjeuner*

- En ingurgitant un sandwich
Même s'il est de la taille d'1/2 baguette, il contiendra trop de sucres lents et pas assez de protéines animales pour caler votre appétit plus de 2 heures.
On peut déjeuner court, mais solide et efficace : n'oubliez pas qu'un plat unique, tout prêt, est plus rapide à manger qu'un sandwich. Bien dosé, ce plat riche en protéines apporte l'énergie qui convient pendant les 4 à 6 heures qui suivent ce repas.

- En s'installant pour un déjeuner classique
Entrée, plat, fromage, dessert... Un repas qui n'offre que des désavantages : trop de temps, la quantité remplaçant la qualité, trop de mets différents qui compliquent la tâche de nos organes digestifs.

- En le remplaçant par un substitut
Que celui-ci soit un yaourt, une pomme, ou un faux-semblant de repas, il sera générateur de la fatigue précoce de l'après-midi et de ces sautes d'humeur qui ne sont pas obligatoirement à mettre au compte d'un mauvais caractère.

Votre ligne de conduite sera donc : manger dense, ni trop, ni mal, mais simple. Gardez donc le temps et les folies récréatives de vos envies pour les deux repas de fête auxquels vous avez droit chaque semaine.

Les salades

Dès le printemps et tout au long de l'été, c'est le temps des déjeuners pris en terrasse, « sur le pouce », dans un square, en pleine nature...

Mais attention aux salades trop riches en végétaux et pas assez nourrissantes qui poussent à trop manger le soir.

Pour vous éviter tous ces pièges, nous avons créé pour vous des salades adaptées aux régions et à vos besoins en énergie.

Reportez-vous à la page 104.

Et si...

■ *Vous n'aimez pas la viande*

C'est en général la viande rouge qui est en cause. Essayez les viandes blanches cuisinées avec parfums et épices.
Ou remplacez-la par du poisson gras (thon ou saumon) ou des œufs.

La tendance actuelle est au style végétarien. Sachez que :
- pour obtenir la quantité de protéines équivalente à celle apportée par 250 g de viande, il faut 2 kg de lentilles !
- les protéines végétales sont moins bien assimilées ;
- les légumes secs ne contiennent pas tous les acides aminés indispensables à la nutrition.

Déjeuner sans viande

Poisson : 100 g de plus que sa hauteur
soit pour une personne de 1,70 m : 170 + 100 = 270 g

ou

Œufs (omelette, brouillés, au plat, durs, mollets...) :
remplacer 270 g de viande par 3 ou 4 œufs de 60 g
(mais pas plus de 3 fois par semaine)
+
1 petit bol chinois de féculents riches en protéines végétales, comme par exemple les lentilles ou les pois chiches.

En conclusion, mon premier travail de reconstruction nutritionnelle est de rendre au déjeuner ses lettres de noblesse et de vous redire : **ne le négligez pas.**
Si vous avez intelligemment bien déjeuné le matin, le repas de midi, très nourrissant, bien proportionné à vos efforts et à votre stature, vous permettra d'attendre le goûter sans souffrir... ni somnoler.
Voyez donc ce que Guylène vous propose et régalez-vous.

Accompagnement
Dans les recettes qui suivent, les accompagnements ne sont, bien évidemment, que des suggestions. À vous d'innover comme vous le souhaitez, à condition de rester dans la gamme des féculents.

Gigot d'agneau aux herbes

Pour 6 personnes

Préparation : la veille : 10 min
Marinade : 24 h
Cuisson : le jour même : 50 min

INGRÉDIENTS

- **1 gigot de 1,5 à 2 kg**
- **1 échalote hachée**
- **5 gousses d'ail débarrassées de leur germe**
- **20 cl de vin blanc sec**
- **4 cuil. à soupe d'huile d'olive**
- **2 cuil. à soupe de vinaigre de miel au citron**
- **1 pointe de couteau de piment de Cayenne**
- **1 branche de thym**
- **1 branche de romarin**
- **1 branche de sarriette**
- **4 feuilles de sauge**
- **1 feuille de laurier**
- **Sel, poivre du moulin**

La veille

- Prendre un plat en terre et le frotter avec une gousse d'ail.
- Parsemer le fond du plat avec l'échalote hachée.
- Dans un bol, mélanger l'huile, le vinaigre, le vin blanc, 2 gousses d'ail écrasées et le piment de Cayenne.
- Faire une douzaine d'incisions dans le gigot et y introduire les éclats d'ail des 2 gousses restantes.
- Déposer le gigot dans le plat, l'arroser avec le bol de marinade.
- Ajouter le bouquet garni, saler et poivrer.
- Couvrir d'un papier aluminium.
- Laisser mariner 24 h au frais en le retournant 4 à 6 fois.

Le jour même

- Préchauffer le four à 230 °C (th. 7-8), 10 à 15 min à l'avance.
- Y introduire le plat et laisser cuire 40 à 45 min en arrosant régulièrement du jus de cuisson.
- Quand le gigot est cuit, le découper.
- Pendant ce temps, faire réduire le jus de cuisson, d'1/3 à feu vif. Passer ce jus au chinois au-dessus d'une saucière chaude, y ajouter le jus qui s'est écoulé quand on a découpé la viande.
- Servir sur des assiettes chaudes.

Accompagnement

Vous pouvez servir ce plat avec 1 petit bol chinois de flageolets par personne.

Bon à savoir

- *Je ne vous recommande pas de terminer le soir les restes de ce gigot savoureux car il est par nature trop gras pour le dîner.*
- *Vous pourrez cependant l'ajouter à votre petit déjeuner en le servant avec des cornichons ou encore le servir au repas de midi suivant complété s'il le faut par des charcuteries et accompagné du reste de flageolets accommodés à la vinaigrette.*
- *Si vous ne trouvez pas de vinaigre de miel au citron dans le commerce, délayez quelques gouttes de jus de citron dans les 2 cuil. à soupe de vinaigre de miel.*

Carré d'agneau rôti et tomates farcies aux herbes

Pour 2 personnes

Préparation : 10 min
Cuisson : 30 min

INGRÉDIENTS

- **1 carré d'agneau de 700 à 800 g**
- **4 tomates**
- **1 cuil. à café d'huile d'olive**
- **2 branches de romarin**
- **1 brin de persil**
- **2 branches de thym**
- **Sel, poivre du moulin**

- Préchauffer le four à 210 °C (th. 7).
- Laver les tomates, les creuser légèrement autour de la queue et mettre dans la cavité une grosse pincée de romarin, de thym et de persil.
- Saler, poivrer et ajouter 1 cuil. à café d'huile d'olive. Laisser en attente.
- Disposer le carré d'agneau sur un plat à four, le saler, le poivrer, le parsemer de thym et de romarin.
- Enfourner pendant 30 min.
- À mi-cuisson, disposer les tomates autour du carré de viande.

Accompagnement

2 cuil. à soupe de flageolets par personne.

Bon à savoir

Ce carré d'agneau d'inspiration méridionale pourra se manger le soir en le réduisant de moitié. Il faudra également supprimer les flageolets et ajouter 1 tomate par personne.

Rôti d'épaule d'agneau aux flageolets

Pour 2 personnes

Préparation : 10 min
Cuisson : 30 min

Ingrédients

- **600 g d'épaule d'agneau désossée et roulée en rôti**
- **1 petite boîte de flageolets**
- **1 branche de thym frais**
- **4 cuil. à soupe de vin blanc**
- **1 cuil. à café de sel de Guérande**
- **1 cuil. à café de poivre du moulin**

- Préchauffer le four à 225 °C (th. 7-8).
- Mélanger les feuilles de thym, le sel de Guérande et le poivre concassé (mignonnette).
- Rouler le rôti dedans pour l'enrober entièrement.
- Le placer dans un plat allant au four. Mouiller avec le vin blanc.
- Mettre au four pendant 30 min.
- Découper les tranches.
- Pendant ce temps, égoutter les flageolets, les mettre dans le plat de cuisson pour les réchauffer dans la sauce.
- Servir sur des assiettes très chaudes.

Accompagnement

Les flageolets contenus dans le plat constituent une garniture suffisante.

Andouillettes à la bière

Pour 2 personnes

Préparation : 2 min
Cuisson : 20 min

INGRÉDIENTS

4 andouillettes
1 échalote
1 cuil. à soupe d'huile d'olive
1 cuil. à soupe de moutarde forte de Dijon
10 cl de bière ambrée ou rousse

• Dans une poêle antiadhésive, mettre à chauffer l'huile d'olive puis faire fondre l'échalote hachée.
• Percer les andouillettes à la fourchette et les mettre dans la poêle quand l'échalote est transparente.
• Tartiner de moutarde, arroser avec la bière puis couvrir.
• Laisser cuire 10 min. Les retourner, laisser cuire 5 min.

Accompagnement

1 petit bol chinois de frites ou de purée de pommes de terre (voir p. 128) par personne.

Bon à savoir

Voilà un plat recommandé pour l'hiver et bien entendu déconseillé l'été... à moins qu'on ait décidé d'entreprendre de gros travaux dans l'après-midi.

Bavette

Pour 2 personnes

Préparation : 5 min
Cuisson : 8 min

INGRÉDIENTS

500 g de bavette d'aloyau de 2 cm d'épaisseur
1 cuil. à soupe d'huile d'olive
1 cuil. à soupe de persil haché
Sel, poivre du moulin

- Faire chauffer l'huile dans une poêle antiadhésive, y saisir la viande 1 min de chaque côté à feu vif.
- Baisser le feu et maintenir la cuisson de 2 à 4 min de chaque côté suivant le degré de cuisson désiré.
- Saler, poivrer et retirer du feu.
- Laisser reposer un temps égal à celui de la cuisson.
- Saupoudrer de persil haché.

Accompagnement
1 petit bol chinois de purée de pommes de terre par personne (voir p. 128).

Bon à savoir
Comme toutes les viandes rouges, ce plat est exclusivement réservé au repas du midi.

Bœuf bourguignon

Pour 10 personnes

Préparation : 20 min
Cuisson : bœuf bourguignon : 2 h 30
Pommes de terre : 25 min environ

INGRÉDIENTS

2,8 kg de basses côtes, culotte, gîte à la noix
300 g de petits lardons
400 g de champignons de Paris
40 petits oignons grelots, environ
2 oignons
6 échalotes
2 carottes
6 gousses d'ail
2 cuil. à soupe d'huile d'olive
15 g de beurre
4 cuil. à soupe rases de farine
1 bouteille de bourgogne
3 cuil. à soupe de cognac

• Parer la viande, en la dégraissant si nécessaire, la couper en cubes de 5 cm de côté environ.
• Éplucher les carottes, les couper en rondelles.
• Éplucher puis émincer en tout petits morceaux échalotes et oignons.
• Éplucher les gousses d'ail et enlever leur germe.
• Dans une grande cocotte, faire chauffer 1 cuil. à soupe d'huile d'olive, y faire revenir les lardons en les remuant pendant 1 min, ajouter les oignons jusqu'à ce qu'ils prennent une légère couleur, les débarrasser alors dans une assiette.
• Ajouter dans la cocotte 1 cuil. à soupe d'huile d'olive, y faire revenir les morceaux de viande en plusieurs fois pour les faire dorer afin qu'ils ne se chevauchent pas et débarrasser au fur et à mesure la viande dans un saladier.
• Faire revenir dans la cocotte les rondelles de carottes pendant 3 à 4 min.
• Rajouter aux carottes le mélange oignons et lardons, les morceaux de viande, saler, poivrer, saupoudrer de farine. Mettre le bouquet garni, raper la noix muscade au-dessus, parsemer l'ail écrasé, arroser de cognac. Attendre 1 min et flamber.
• Mettre tout le vin et s'il ne suffit pas à recouvrir la viande compléter avec de l'eau, ou mieux du bouillon de bœuf, afin que celle-ci soit juste recouverte.
Ramener rapidement à ébullition, couvrir et baisser le feu pour laisser mijoter 2 h à feu doux.

1 bouquet garni (persil, feuille de laurier, thym, vert de poireau)
1 cuil. à café de noix muscade
Sel, poivre du moulin

La garniture
10 grosses pommes de terre cuites à la vapeur
10 pincées de persil haché

• Dans une poêle, faire sauter au beurre les oignons grelots pendant 8 min, puis les champignons jusqu'à ce qu'ils aient rendu toute leur eau.
• Saler, poivrer et les rajouter dans la cocotte 5 min avant la fin de la cuisson.
• Faire cuire les pommes de terre à la vapeur.
• Saupoudrer chaque pomme vapeur avec une pincée de persil haché et mettre dans un plat creux bien chaud, pour accompagner le bœuf bourguignon qu'on servira dans sa cocotte.

Bon à savoir
N'hésitez pas à préparer ce bourguignon pour 10 personnes, vous pouvez le congeler en portions individuelles. Dans ce cas, préparez l'accompagnement uniquement pour la quantité des convives.

Bœuf en daube à la niçoise

Pour 6 personnes

Préparation : 20 min
Cuisson : 4 h 10

INGRÉDIENTS

1,5 kg de bœuf (gîte et paleron) coupé en cubes
2 oignons
4 carottes
1 branche de céleri
8 tomates pelées
60 g de cèpes séchés
4 gousses d'ail
1 verre de vin rouge
1 verre à liqueur de marc
1 zeste d'orange de 10 cm environ
2 cuil. à soupe d'huile d'olive
1 pincée de piment de Cayenne
2 branches de thym
1 feuille de laurier
1 bouquet de persil
Sel, poivre de Cayenne

- Faire tremper les cèpes dans l'eau.
- Saler et poivrer la viande.
- Détailler le céleri en morceaux, éplucher les oignons, les couper en quartiers. Couper les carottes en rondelles, éplucher les gousses d'ail.
- Dans une sauteuse, faire chauffer 1 cuil. à soupe d'huile d'olive, y faire rissoler les oignons, les carottes, l'ail, le céleri, le thym et le laurier.
- Dans une cocotte, faire chauffer 1 cuil. à soupe d'huile d'olive et y faire revenir les morceaux de bœuf à feu vif sur tous les côtés puis baisser le feu et les laisser cuire environ 10 min.
- Couper grossièrement les tomates et les ajouter à la viande, ainsi que les légumes rissolés, le verre de vin rouge, le marc et compléter avec de l'eau bouillante, juste assez pour recouvrir la viande.
- Porter à ébullition, puis laisser mijoter à feu très doux pendant 3 h.
- Au bout de ce temps, ajouter les champignons égouttés.
- Vérifier l'assaisonnement, mettre 1 pincée de piment de Cayenne, l'écorce d'orange et laisser cuire encore 1 h.
- Dégraisser la sauce en passant une cuillère à la surface.
- Servir bien chaud.

Accompagnement
2 pommes de terre (moyennes) cuites à la vapeur et coupées en morceaux par personne.

Bon à savoir
Ce plat peut se confectionner la veille ainsi la graisse remontera à la surface et se figera, elle sera plus facile à ôter.

Bœuf en daube

Pour 8 personnes

Préparation : 10 min
Cuisson : 3 h 15

INGRÉDIENTS

- **2 kg de gîte à la noix**
- **1 couenne de lard**
- **1 bouteille de vin rouge**
- **3 oignons**
- **3 gousses d'ail**
- **1 petite boîte de concentré de tomate**
- **1 languette de zeste d'orange de 2 cm de large sur 10 cm de long**
- **1/2 verre d'huile d'olive**
- **1 pointe de noix muscade râpée**
- **1 branche de thym**
- **1 feuille de laurier**
- **2 queues de persil**
- **4 grains de genièvre**
- **Sel, poivre du moulin**

• Découper la viande en morceaux réguliers, la faire revenir à l'huile d'olive lentement, dans une sauteuse, sans laisser noircir l'huile.
• Éplucher et émincer les oignons.
• Lorsque la viande est dorée, étendre la couenne de lard au fond d'une cocotte, y placer les morceaux de viande.
• Mouiller avec le vin.
• Ajouter le concentré de tomate, les oignons, les gousses d'ail non épluchées, la branche de thym ficelée avec la feuille de laurier, les queues de persil et l'écorce d'orange.
• Saler, poivrer, ajouter les grains de genièvre et la noix muscade.
• Faire partir la cuisson à gros bouillon pendant 10 min, couvrir laisser ensuite mijoter 3 h à tout petit feu.
• La sauce doit être onctueuse. Si elle est trop abondante, on la réduira à feu vif sans couvercle.
• Ce plat se mange chaud aussitôt ou froid préparé à l'avance.

Accompagnement

2 pommes de terre (moyennes) à la vapeur coupées en morceaux par personne.

Hamburgers à la moelle

Pour 2 personnes

Préparation : 8 min
Cuisson : 15 min

INGRÉDIENTS

500 g de steak haché
La moelle de 2 gros os de bœuf
2 tranches de pain de campagne
2 oignons hachés
1 œuf
1 cuil. à soupe de farine
2 cuil. à soupe de vin blanc
1 cuil. à soupe et 1 cuil. à café d'huile d'olive
15 g de beurre
1 pincée de gros sel de Guérande
Sel, poivre du moulin

• Mettre la moelle dans une petite casserole d'eau, amener très doucement à ébullition et maintenir le frémissement pendant 1 min, puis la déposer sur du papier absorbant.
• Dans une poêle, mettre 1 cuil. à soupe d'huile d'olive. Quand elle est chaude, y faire fondre les oignons hachés.
• Pendant ce temps, mettre dans un saladier la viande hachée, l'œuf, les oignons, les 2/3 de la moelle, mélanger le tout à la fourchette et former deux gros hamburgers qu'on farinera très légèrement.
• Dans une poêle, faire chauffer 1 cuil. à café d'huile d'olive et le beurre, y faire cuire rapidement la viande à feu vif, 3 à 5 min par côté suivant le degré de cuisson désiré.
• Couper le reste de moelle en rondelles, les réchauffer 10 s dans l'eau bouillante et les déposer sur la viande en décoration en y ajoutant du gros sel de Guérande.
• Saler, poivrer et déposer dans 2 assiettes chaudes sur une grosse tranche de pain de campagne qu'on aura fait légèrement griller.
• Déglacer la poêle avec les 2 cuil. à soupe de vin blanc, faire réduire d'1/3 et verser aussitôt sur les steaks.

Bon à savoir

Évitez d'accompagner ce plat des traditionnelles frites. Mieux vaut augmenter la dose de pain contenue dans la recette d'1 autre petite tranche de pain de campagne.

Côte de bœuf à la moutarde forte de Dijon et aux herbes

Pour 2 personnes

Préparation : la veille : 5 min
Cuisson : le jour même : 20 min

INGRÉDIENTS

1 côte de bœuf d'environ 700 à 800 g
1 petit bol chinois de persil, cerfeuil, estragon, ciboulette et thym hachés
2 cuil. à soupe d'huile d'olive
6 cuil. à soupe de moutarde forte de Dijon
15 g de beurre
Sel, poivre du moulin

La veille

- Dans un grand bol, mélanger les herbes hachées et l'huile d'olive, ajouter 2 cuil. à soupe de moutarde et 3 tours de moulin à poivre.
- Tartiner largement les deux faces de la côte avec ce mélange.
- La placer dans un plat recouvert de film alimentaire dans le réfrigérateur et la retourner 2 ou 3 fois.

Le jour même

- Préchauffer le four à 240 °C (th. 8).
- Égoutter la côte et l'enfourner en la plaçant sur la grille au-dessus de la lèchefrite.
- Saler et laisser cuire environ 20 à 25 min suivant l'épaisseur de la côte et de votre goût.
- En fin de cuisson, ajouter dans la lèchefrite les 4 cuil. à soupe de moutarde au jus qui s'est écoulé de la viande.
- Laisser ce mélange prendre couleur puis sortir le plat du four et ajouter le beurre qui doit juste fondre (si la sauce est granuleuse ajouter 1 cuil. d'eau), mélanger le tout pour former la sauce, qu'on mettra en saucière.

Accompagnement
Pommes de terre (1 grosse ou 2 moyennes par personne) en robe des champs.

Bon à savoir
N'hésitez pas à arroser les pommes de terre de la sauce du plat !

Joue de bœuf aux anchois

Pour 6 personnes

Préparation : 1 h 15
Cuisson : 2 h 30

INGRÉDIENTS

- **2,5 kg de joue de bœuf**
- **6 oignons**
- **2 gousses d'ail**
- **2 tranches de pain de campagne**
- **90 g de beurre**
- **6 filets d'anchois à l'huile**
- **2 cuil. à soupe d'huile d'olive**
- **1 branche de thym**
- **Sel, poivre du moulin**

- Rincer les anchois sous l'eau courante, puis les mettre à tremper 1 h dans une bonne quantité d'eau froide à renouveler plusieurs fois.
- Préparer les anchois en filets en enlevant les arêtes et les éponger.
- Enlever la croûte des tranches de pain.
- Mixer les filets avec le beurre et un peu de poivre jusqu'à obtention d'une purée que l'on étalera sur le pain.
- Préchauffer le four à 210 °C (th. 7).
- Couper la viande en lamelles.
- Éplucher et couper les oignons en rondelles puis détacher les anneaux.
- Verser l'huile dans une cocotte allant au four. Disposer une couche d'oignons, une couche de viande, les tartines, puis à nouveau une couche de viande et une d'oignons.
- Saler très légèrement, poivrer, parsemer de thym effeuillé, ajouter les gousses d'ail sans le germe épluchées et coupées en deux.
- Couvrir la cocotte et faire cuire 2 h 30.

Accompagnement

1 bol chinois de purée de céleri, pomme de terre et pomme fruit par personne (voir p. 130).

Bon à savoir

S'il en reste, on pourra garder ce plat pour le lendemain midi, accompagné d'1 œuf poché pour 200 g de viande ou de 2 œufs pour 100 g de viande.

Onglet à l'échalote

Pour 2 personnes

Préparation : 5 min
Cuisson : 4 min environ

INGRÉDIENTS

- **500 g d'onglet**
- **2 cuil. à soupe d'échalotes hachées**
- **2 cuil. à soupe de vinaigre de xérès**
- **1 cuil. à soupe d'huile d'olive**
- **Sel, poivre du moulin**

• Saisir la viande de chaque côté dans une poêle antiadhésive.
• Dès qu'elle est saisie, ajouter l'huile et les échalotes.
• Dès que la viande est cuite, la maintenir sur un plat chaud. La recouvrir de papier aluminium.
• Ajouter le vinaigre dans la poêle en raclant le fond avec une cuillère en bois et laisser réduire.
• Verser sur la viande et servir sur des assiettes chaudes.

Accompagnement

1 petit bol chinois de pommes de terre sautées (voir p. 131) par personne.

Paleron braisé à la bière

Pour 2 personnes

Préparation : 10 min
Cuisson : 2 h

INGRÉDIENTS

- **500 à 600 g de paleron de bœuf à braiser**
- **1 oignon**
- **1 carotte**
- **2 cuil. à soupe d'huile d'olive**
- **1 cuil. à soupe de farine**
- **1 cuil. à soupe de moutarde forte de Dijon**
- **2 cuil. à café de vergeoise (sucre roux)**
- **1 trait de vinaigre de xérès**
- **25 cl de bière**
- **1 zeste d'orange**
- **1/2 feuille de laurier**
- **1 branche de thym**
- **Sel, poivre du moulin**

- Demander au boucher de couper le paleron en tranches de 3 cm d'épaisseur.
- Dans une sauteuse, faire chauffer l'huile d'olive et mettre la viande à rissoler sur toutes ses faces. Saler, poivrer.
- Ajouter l'oignon émincé et la carotte coupée en rondelles.
- Quand les oignons sont transparents, ajouter la farine, remuer le tout à feu vif pendant 1 min puis verser la bière et le vinaigre de xérès.
- Ajouter la vergeoise, la moutarde, le thym, le laurier et le zeste d'orange.
- Dès que l'ébullition se fait, baisser le feu, couvrir et laisser mijoter pendant 1 h 45.

Accompagnement

1 petit bol chinois de tagliatelles par personne.

Steak tartare

Pour 1 personne

Préparation : 10 min

INGRÉDIENTS

250 g de steak haché
1 jaune d'œuf
4 petits oignons grelots au vinaigre
1 cuil. à café de câpres
1 cuil. à café de persil haché
1/2 cuil. à café d'échalote hachée
1 cuil. à soupe d'huile d'olive
1/2 cuil. à café de moutarde forte de Dijon
1/2 cuil. à café de Worcestershire sauce ou de ketchup pour les amateurs
Sel, poivre du moulin

• On mélange le tout dans une assiette et on déguste !

Accompagnement

Il se mange seul ou avec 1 petit bol chinois de frites.

Canard aux olives

Pour 4 personnes

Préparation : 25 min
Cuisson : 1 h 15

INGRÉDIENTS
- **1 canard de 2,5 à 3 kg coupé en 6 ou 8 morceaux avec son foie et son gésier**
- **100 g de jambon de Bayonne**
- **200 g d'olives dénoyautées**
- **3 échalotes**
- **1 oignon**
- **1 gousse d'ail**
- **3 cuil. à soupe d'huile d'olive**
- **1 verre de vin blanc**
- **1 bouquet garni (persil, thym, laurier)**

• Hacher les échalotes, émincer l'oignon.
• Dans une cocotte, faire chauffer l'huile, y faire dorer les morceaux de canard. Quand ils sont rissolés, les débarrasser sur une assiette à l'aide d'une écumoire.
• Les remplacer par le foie du canard coupé en morceaux et, dès qu'il est raidi, le réserver sur une soucoupe.
• Le remplacer par les échalotes hachées, l'oignon émincé, le jambon et le gésier coupés tous les deux en morceaux, cuire 1 à 2 min en remuant puis ajouter le vin blanc.
• Faire réduire 2 min à feu vif puis rajouter les morceaux de canard, la gousse d'ail et le bouquet garni. Saler, poivrer, couvrir la cocotte et laisser mijoter à feu doux pendant 1 h.
• Pendant ce temps, faire blanchir les olives dans une casserole d'eau bouillante pendant 1 à 2 min pour enlever le sel.
• Les égoutter, en hacher la moitié que l'on réservera avec le foie resté en attente.
• Quand la cuisson est terminée, ôter les morceaux de canard de la cocotte ainsi que le bouquet garni.
• Dégraisser la sauce, y ajouter le foie et les olives hachées.
• Si l'on veut une sauce onctueuse, on la passera au mixeur puis on la remettra dans la cocotte avec les morceaux de canard et les olives entières.
• Réchauffer et servir sur des assiettes très chaudes.

Accompagnement

1 petit bol chinois de tagliatelles.

Bon à savoir

- *On arrosera largement les pâtes de sauce pour en rehausser le goût.*
- *Ne soyez pas impressionné par le poids du canard, il comporte beaucoup d'os et il n'en restera que 4 bonnes parts.*
- *Cependant, s'il en reste, on pourra le finir le soir, froid, avec de la moutarde ou du piccalilli.*

Magrets de canard à la bière

Pour 2 personnes

Préparation : 10 min
Cuisson : 7 min

INGRÉDIENTS

2 magrets de canard
35 cl de bière
1 grosse échalote ou 2 petites
80 g de beurre
Gros sel de Guérande, poivre du moulin

MATÉRIEL

Saucier électrique

• Si vous avez la chance d'avoir un saucier électrique :
• Verser la bière dans le saucier, y ajouter l'échalote hachée.
• Faire réduire à température maximale jusqu'à ce qu'il ne reste que 2 cuil. à café de liquide.
• Éteindre la source de chaleur et enlever la cuve pour la faire refroidir.
• Prendre les magrets, inciser la peau en quadrillage.
• Placer le côté peau sur une poêle bien chaude, parsemer l'autre face du magret de gros sel de Guérande, poivrer.
• Couvrir la poêle d'un couvercle anti-projections pour éviter les éclaboussures de graisse et laisser cuire 5 min.
• Retourner les magrets, baisser le feu et cuire encore 2 à 3 min suivant son goût.
• Remettre en place la casserole du saucier et refaire chauffer celui-ci réglé au plus bas.
• Ajouter petit à petit des noisettes de beurre jusqu'à réalisation d'une sauce crémeuse.
• Servir sur des assiettes chaudes, en nappant les magrets de sauce.

Accompagnement

2 pommes vapeur saupoudrées de persil haché ou 1 petit bol chinois de purée de pommes de terre (voir p. 128) par personne.

Bon à savoir

Le magret de canard peut très bien se manger le soir, à condition de réduire les parts à 40 g de moins que la hauteur des convives et de l'accompagner d'1 petit bol chinois de purée de betteraves.

Escalopes de dinde au paprika

Pour 2 personnes

Préparation : 5 min
Cuisson : 15 min

INGRÉDIENTS

- **600 g d'escalopes de dinde**
- **1 cuil. à soupe d'huile d'olive**
- **15 g de beurre**
- **1 échalote hachée**
- **2 cuil. à soupe de persil haché**
- **1 à 2 cuil. à soupe de paprika**
- **Sel**

• Dans une poêle, faire chauffer l'huile et le beurre, y faire fondre l'échalote.
• Quand elle commence à prendre couleur, ajouter les escalopes, les saler et les saupoudrer largement de paprika.
• Laisser cuire à feu moyen 3 à 4 min, les retourner, saupoudrer à nouveau de paprika.
• Laisser cuire encore 4 à 6 min suivant l'épaisseur des escalopes.
• Éteindre et parsemer de persil.

Accompagnement

1 petit bol chinois de pommes de terre sautées (voir p. 131).

Escalopes de dinde aux châtaignes

Pour 2 personnes

Préparation : 15 min
Cuisson : 30 min

INGRÉDIENTS

500 à 600 g d'escalopes de dinde
200 g de châtaignes épluchées
100 g de beurre
1/2 citron (jus)
Sel, poivre du moulin

• Inciser en croix le sommet des châtaignes. Les jeter dans l'eau bouillante en maintenant l'ébullition pendant 5 min.
• Les sortir deux par deux en prenant soin d'ôter les deux peaux en même temps.
• Les remettre dans une casserole d'eau bouillante salée et maintenir l'ébullition 15 min. Les égoutter.
• Dans une poêle, faire chauffer 50 g de beurre jusqu'à ce qu'il soit blond.
• Déposer les escalopes, saler, poivrer, les laisser 3 min puis les écarter pour faire rissoler les châtaignes en ajoutant 30 g de beurre. Au bout de 4 à 5 min de cuisson suivant la grosseur des escalopes, retourner celles-ci, saler, poivrer à nouveau, et arroser avec la moitié du jus de citron.
• Pour que le plat ne soit pas sec, on ajoutera 20 g de beurre fondu avec la seconde moitié du jus de citron, saler.

Accompagnement
Les châtaignes constituent la part de féculents nécessaire à un repas du midi.

Bon à savoir
C'est un repas du midi, l'apport en cholestérol importe peu à condition de ne rien manger d'autre.

Sauté de dinde aux lardons et à la sauge

Pour 2 personnes

Préparation : 10 min
Cuisson : 40 à 50 min

INGRÉDIENTS

500 g d'escalopes de dinde
100 g de petits lardons fumés et découennés
1 oignon moyen
2 cuil. à soupe d'huile d'olive
1 cuil. à soupe de farine
1/2 litre de bouillon de volaille (1 cube dans 25 cl d'eau bouillante)
1 feuille de laurier
3 branches de thym
1/2 cuil. à café de marjolaine (origan)
1 cuil. à café de feuilles de sauge séchées (ou 6 feuilles fraîches)
Poivre du moulin

- Dans une sauteuse antiadhésive à fond épais, faire chauffer l'huile d'olive à feu vif et mettre à dorer les morceaux de dinde sur toutes les faces.
- Ajouter les lardons, les faire dorer, puis baisser le feu.
- Émincer finement l'oignon, le verser dans la cocotte et dès qu'il est transparent, ajouter la farine.
- Remuer le tout, verser le bouillon, remuer à nouveau. Ajouter les aromates, poivrer mais ne surtout pas saler à cause du bouillon.
- Couvrir la sauteuse et laisser mijoter 35 à 45 min.

Accompagnement
1 petit bol chinois de spaghettis.

Bon à savoir
La présence des lardons dans cette recette n'autorise pas ce plat le soir, même en réduisant la part de dinde.

Lapin à la fleur d'oranger

Pour 2 personnes

Préparation : 10 min
Cuisson : 1 h

INGRÉDIENTS

4 belles cuisses de lapin
2 merguez
50 g de petits lardons
2 cuil. à soupe d'huile d'olive
4 cuil. à soupe de vin blanc
1 cuil. à soupe d'eau de fleur d'oranger
1/2 cuil. à soupe de vinaigre de miel à l'ail (ou mélanger 1/4 de gousse d'ail dans du vinaigre de miel)
1 échalote hachée
1 gousse d'ail
1 branche de thym
1 branche de sauge
1/2 feuille de laurier
1/2 cuil. à café de cannelle
Sel, poivre du moulin

- Dans une sauteuse antiadhésive, faire chauffer l'huile d'olive, y faire dorer les cuisses sur les deux faces puis les débarrasser dans une assiette.
- Mettre à dorer les lardons puis les réserver avec les cuisses de lapin.
- Les remplacer par l'échalote hachée, puis lorsqu'elle est transparente remettre le tout dans une cocotte. Ajouter alors l'ail écrasé et les merguez découpées en petites rondelles.
- Arroser avec le vin blanc, le vinaigre et l'eau de fleur d'oranger. Saler, poivrer et saupoudrer de cannelle.
- Couvrir et laisser mijoter 45 min. Couper les pommes de terre en dés, les ajouter au plat au bout de 15 min. Si la sauce réduit trop, ajouter pour qu'elle reste fluide, 1 cuil. à soupe d'eau parfumée avec 1 cuil. à café d'eau de fleur d'oranger.

Accompagnement

Les pommes de terre constituent la garniture.

Bon à savoir

Le lapin est la plus maigre des viandes, il pourra donc se manger en plus petite quantité le soir, à condition de supprimer les pommes de terre et de les remplacer par 1 petit bol chinois de purée de carottes (voir p. 266).

Lapin au pain d'épices

Pour 2 personnes

Préparation : 10 min
Cuisson : 50 min

INGRÉDIENTS

580 à 600 g de râble de lapin en morceaux
60 g de pain d'épices
1 oignon
1 échalote
1 gousse d'ail pelée
1 cuil. à soupe de farine
25 cl de bière rousse
25 cl d'eau chaude
1 cuil. à soupe de fond de volaille
3 cuil. à soupe d'huile d'olive
1 bouquet garni
Sel, poivre du moulin

• Émincer l'oignon, hacher l'échalote.
• Dans une cocotte, faire chauffer l'huile, quand elle est chaude faire dorer les morceaux de râble, puis les enlever et les remplacer par l'oignon et l'échalote.
• Dès qu'ils deviennent transparents, y rajouter les morceaux de râble, saupoudrer de farine, puis verser dessus la bière, l'eau chaude, 1 cuil. de fond de volaille et la gousse d'ail.
• Saler, poivrer et ajouter le bouquet garni, couvrir et faire mijoter 20 min.
• Couper le pain d'épices en dés.
• Ajouter le pain d'épices en le recouvrant de sauce et laisser mijoter doucement à nouveau 20 min environ jusqu'à ce qu'il se fonde en une sauce onctueuse.

Accompagnement
1 petit bol chinois de coquillettes par personne.

Bon à savoir
Le lapin est la plus légère des viandes et la moins grasse... s'il s'agit d'un lapin de garenne. Vous pouvez donc sans problème réaliser cette recette pour le soir, à condition de diviser les quantités par 2 et de remplacer les pâtes par une belle endive braisée par personne (voir p. 273).

Côtes de porc à la moutarde et au lait de coco

Pour 2 personnes

Préparation : 10 min
Cuisson : 15 à 20 min

INGRÉDIENTS

600 g de côtes de porc premières
Moutarde forte de Dijon
4 cuil. à soupe de lait de coco
1 cuil. à soupe de persil haché
Sel, poivre du moulin

• Dans une poêle antiadhésive préchauffée, saisir les côtes 2 min de chaque côté, baisser le feu, tartiner de moutarde les deux faces, les saler et poivrer.
• Laisser cuire les côtes de porc 10 à 15 min en les retournant régulièrement.
• Quand elles sont cuites, ajouter le lait de coco. Mélanger et retourner rapidement les côtes car le lait de coco épaissit très rapidement à la chaleur.
• Saupoudrer de persil et servir.

Accompagnement
1 petit bol chinois de riz par personne.

Bon à savoir
Ce plat du midi peut se manger le soir. On limitera la quantité de viande à 200 g par personne et on l'accompagnera d'1 fond d'artichaut par personne (voir p. 262).

Côtes de porc au lait

Pour 2 personnes

Préparation : 5 min
Cuisson : 35 min

INGRÉDIENTS

4 côtes de porc
25 cl de lait
4 gousses d'ail
1 cuil. à café de thym
Sel, poivre du moulin

• Dans une grande poêle antiadhésive bien chaude, saisir les côtes de porc sur les deux faces, saupoudrer de thym.
• Verser le lait, saler, poivrer, ajouter l'ail écrasé.
• Laisser mijoter à petit bouillon pendant 30 min. Le lait doit avoir réduit de 2/3.
• Déposer les côtes dans 2 assiettes chaudes et napper de la sauce passée à la passoire fine.

Accompagnement
2 grosses cuil. à soupe de semoule.

Bon à savoir
Cette recette du midi peut très bien se manger le soir avec 1 bol chinois de purée de navets, à condition de se limiter à 1 côte par personne.

Côtes de porc au pont-l'évêque et aux coquillettes

Pour 2 personnes

Préparation : 10 min
Cuisson : 45 min

INGRÉDIENTS

4 côtes de porc premières
120 g de coquillettes
80 g de pont-l'évêque
15 g de beurre
1 cuil. à soupe d'huile d'olive
1 cuil. à café d'herbes de Provence
Sel, poivre du moulin

- Dans une grande casserole, faire bouillir 2 litres d'eau salée.
- Quand elle bout, y verser les coquillettes, baisser le feu et maintenir le frémissement pendant environ 10 min. Ce temps peut varier suivant les marques.
- Goûter pour s'assurer qu'elles sont cuites *al dente*. Les égoutter.
- Chauffer une grande poêle non adhésive à feu vif pour saisir les côtes de chaque côté.
- Baisser le feu, saupoudrer les côtes d'herbes de Provence, saler et poivrer.
- Placer les côtes d'un côté de la poêle et mettre l'huile et le beurre de l'autre côté.
- Quand le beurre est fondu, ajouter les coquillettes.
- Laisser cuire à feu doux pour ne pas dessécher la viande pendant 15 min.
- Retourner les côtes et remuer les coquillettes, laisser cuire encore 10 min.
- Enlever la peau du pont-l'évêque, le couper en fines lamelles et disposer celles-ci sur les coquillettes et les côtes.
- Servir lorsque le fromage est fondu.

Accompagnement

Les coquillettes représentent la part de féculents nécessaire au déjeuner.

Filet mignon de porc aux figues

Pour 2 personnes

Préparation : 20 min
Cuisson : 50 min

INGRÉDIENTS

500 à 600 g de filet mignon dégraissé
6 figues fraîches
8 feuilles de sauge sèches
1 verre et demi de porto
10 raisins secs environ
1 cuil. à soupe d'huile d'olive
15 g de beurre
1 cuil. à soupe de farine
1 cube de bouillon de volaille
1 cuil. à soupe de vinaigre de miel
1 branche de thym
1 branche de romarin
Sel, poivre du moulin

La veille

• Laver les figues, les piquer de quelques coups d'épingle. Les placer dans un plat creux et les arroser d'1 verre de porto.
• Couvrir d'un film plastique et conserver au réfrigérateur.

Le jour même

• Faire quelques incisions dans le filet mignon et y placer les feuilles de sauge coupées en moitiés. Saler et poivrer.
• Dans une casserole, faire fondre le beurre et y déposer les figues égouttées. Laisser rôtir sur feu doux pendant 5 min.
• Verser le porto, couvrir et laisser mijoter environ 20 min.
• Prélever les figues et les laisser en attente entre 2 assiettes creuses.
• Dans une cocotte, mettre l'huile d'olive à chauffer. Y faire dorer les filets, ajouter le thym et le romarin. Saupoudrer de farine, laisser légèrement colorer puis déglacer avec le vinaigre de miel.
• Délayer le cube de bouillon dans 60 cl d'eau. Dans la cocotte, ajouter le porto dans lequel les figues ont cuit et le bouillon.
• Couvrir et laisser mijoter à feu doux pendant environ 20 min.
• Sortir les filets et les découper.

• Le jus dans la cocotte doit être sirupeux. S'il est trop liquide, le faire réduire à feu vif jusqu'à bonne consistance. Ajouter alors le reste de porto (1/2 verre), les figues et les raisins. Laisser chauffer 5 min.
• Dans 2 assiettes chaudes, disposer en éventail les tranches de porc, ajouter les figues et les raisins et napper de sauce.

Accompagnement
Les fruits du plat constituent la garniture.

Bon à savoir
Ce délicieux plat, en principe réservé aux fêtes, pourra se déguster un jour où vous aurez prévu de beaucoup vous dépenser, ce qui vous permettra d'éliminer ce mélange, en principe interdit, de sucre et de gras.

Palette de porc aux lentilles

Pour 2 personnes

Préparation : 10 min
Cuisson : 1 h 10

INGRÉDIENTS

600 g de palette de porc désossée
1 oignon
1 gousse d'ail
1/2 cube de bouillon de bœuf
1 cuil. à soupe d'huile d'olive
2 cuil. de crème fraîche
1 feuille de laurier
1 branche de thym
Sel, poivre du moulin

• Éplucher la gousse d'ail. Piquer la viande avec des éclats d'ail, comme pour un gigot.
• Dans une cocotte, faire chauffer l'huile d'olive. Quand elle est chaude, faire revenir la viande des deux côtés, y ajouter l'oignon émincé jusqu'à ce qu'il soit transparent.
• Pendant ce temps, diluer 1/2 cube de bouillon de bœuf dans 1/4 de litre d'eau bouillante et en verser la moitié dans la cocotte. Saler légèrement car le bouillon est déjà salé, poivrer.
• Ajouter la feuille de laurier et la branche de thym, laisser mijoter 1 h.
• À la fin de la cuisson, ajouter la crème fraîche en remuant pour bien l'incorporer à la sauce, couvrir et laisser encore cuire 2 à 3 min à feu doux.
• Verser le tout dans un plat chaud et servir.

Accompagnement
1 petit bol chinois de lentilles au naturel (voir p. 133) ou de flageolets à la crème par personne.

Bon à savoir
• *Vous pouvez faire plus de bouillon que nécessaire pour cette recette (1 cube pour 1/2 litre d'eau) et les congeler dans un bac à glaçons. On saura que, pour une utilisation future, 1 glaçon représente 2 cuil. à soupe de bouillon décongelé, ce qui est bien pratique pour les petits doses.*
• *La palette de porc étant très grasse, elle se mangera uniquement le midi.*

Cuisses de poulet à la moutarde

Pour 2 personnes

Préparation : 10 min
Cuisson : 20 à 30 min

INGRÉDIENTS

- **4 belles cuisses de poulet**
- **2 cuil. à soupe de moutarde forte de Dijon**
- **2 cuil. à café de marjolaine (origan)**
- **Sel, poivre du moulin**

• Saler, poivrer et saupoudrer de marjolaine les cuisses de poulet sur les deux faces.
• Dans une poêle bien chaude, les déposer, côté peau sur la poêle.
• Enduire l'autre face de moutarde, laisser cuire 10 min à feu vif retourner les cuisses et enduire la peau de moutarde.
• Baisser le feu et laisser cuire de 10 à 20 min suivant l'épaisseur des cuisses et la qualité du poulet.

Accompagnement
1 petit bol chinois de frites par personne.

Bon à savoir
Vous pouvez préparer ce plat pour un repas du soir avec seulement 2 cuisses de poulet. Les servir alors avec des brocolis ou du chou rouge.

Poulet à la sauge

Pour 2 personnes

Préparation : 5 min
Cuisson : 8 min

INGRÉDIENTS

600 g d'escalopes de poulet
60 g de beurre
16 feuilles de sauge, fraîches de préférence
Sel, poivre du moulin

- Faire fondre le beurre sans le laisser brunir et y jeter les feuilles de sauge.
- Déposer les escalopes dans la poêle.
- Laisser cuire 3 min de chaque côté.
- Saler, poivrer et servir bien chaud.

Accompagnement

1 bol chinois de pâtes cuites par personne, agrémentées, si on le souhaite, de sauce italienne toute prête ou de sauce tomate.

Bon à savoir

Au dîner, divisez les proportions par 2 et servez avec 1 petit bol chinois de navets glacés (voir p. 275) ou de champignons à l'échalote (voir p. 274).

Blanquette de veau

Pour 6 personnes

Préparation : 20 min
Cuisson : 1 h 15

INGRÉDIENTS

1,5 kg de tendron ou de flanchet
250 g de champignons de Paris lavés et émincés
1 oignon piqué d'1 clou de girofle
1 échalote
1,5 litre d'eau
1,5 dl de vin blanc sec
2 piments de la Jamaïque
1 sachet de court-bouillon
2 jaunes d'œufs
40 g de farine
50 g de beurre
200 g de crème fraîche
1 citron (jus)
5 grains de poivre

• Dans une cocotte, poser les morceaux de viande. Recouvrir d'eau et de vin.
• Ajouter l'oignon, l'échalote, les grains de poivre, les piments et le sachet de court-bouillon.
• Porter à ébullition, écumer, et baisser le feu.
• Couvrir et laisser mijoter pendant 45 min.
• À l'aide d'une écumoire, enlever les morceaux de viande que l'on déposera sur du papier absorbant.
• Faire réduire le bouillon de moitié à feu très vif, puis le passer.
• Dans une cocotte, faire fondre le beurre avec la farine en tournant à la cuillère en bois.
• Lorsque le mélange est intimement lié, verser petit à petit le bouillon (en réservant 2 louches) sans cesser de remuer, porter à ébullition pendant 3 min.
• Y ajouter les morceaux de viande et les champignons et continuer la cuisson pendant 15 min.
• Pendant ce temps, mélanger dans un grand bol : les jaunes d'œufs, la crème, le jus du citron et 2 louches de bouillon.
• Baisser le feu sous la cocotte et y verser le contenu du bol. La sauce ne doit plus bouillir.
• Servir dans un plat chaud.

Accompagnement
1 petit bol chinois de riz pilaf par personne (voir p. 134).

Côtes de veau aux olives

Pour 2 personnes

Préparation : 25 min
Cuisson : 35 min

INGRÉDIENTS

- **4 côtes de veau**
- **10 olives vertes dénoyautées**
- **100 g de champignons émincés**
- **2 tomates**
- **1 gousse d'ail**
- **1 oignon émincé finement**
- **2 cuil. à soupe de farine**
- **50 g de beurre**
- **2 cuil. à soupe d'huile d'olive**
- **4 cuil. à soupe de vin blanc**
- **15 cl de bouillon de volaille**
- **1 pointe de piment de Cayenne**
- **Sel, poivre du moulin**

• Dans une sauteuse, faire fondre 30 g de beurre, y faire sauter les champignons 3 à 4 min, puis les réserver sur une assiette.
• Ajouter 1 cuil. d'huile d'olive dans la sauteuse, y faire revenir l'oignon émincé. Quand il est transparent, ajouter 1 cuil. de farine. Mélanger avec une cuillère en bois, mouiller avec le vin blanc et le bouillon, puis amener à ébullition.
• Baisser le feu, couvrir la sauteuse et laisser mijoter pendant 10 min.
• Peler les tomates, les concasser, couper les olives en rondelles.
• Dans une casserole, faire chauffer 1 cuil. à soupe d'huile d'olive, y ajouter les tomates, la gousse d'ail écrasée et débarrassée de son germe.
• Saler, poivrer avec 1 pointe de Cayenne et laisser cuire à découvert. Verser dans la sauteuse avec les oignons.
• Dans une poêle, faire chauffer 20 g de beurre.
• Fariner les côtes avec 1 cuil. à soupe de farine, les saler, les poivrer et les saisir à feu vif sur les deux faces, puis baisser le feu et laisser cuire 4 min de chaque côté.
• Ajouter les champignons et les olives. Cuire encore 2 min.
• Napper avec la sauce aux tomates et servir.

Accompagnement

1 petite part de polenta (voir p. 138) ou 1 petit bol chinois de pâtes fraîches.

Bon à savoir

Ces côtes de veau aux olives seront parfaites pour le soir, à condition de se limiter à 1 côte par personne et d'ajouter 2 tomates à la recette normale.

Déjeuner

Côtes de veau aux girolles

Pour 2 personnes

Préparation : 10 min
Cuisson : 13 à 15 min

INGRÉDIENTS

2 côtes de veau de 250 g chacune
200 g de girolles
2 cuil. à soupe d'huile d'olive
1 grosse échalote ou 2 petites
1 gousse d'ail
2 cuil. à café de persil haché
1/2 citron (jus)
Sel, poivre du moulin

• Laver soigneusement les champignons après avoir coupé les bouts terreux, puis les égoutter.
• Dans une poêle, faire chauffer 1 cuil. d'huile d'olive et mettre les côtes à cuire à feu vif, saler et poivrer.
• Les retourner dès que le premier côté est doré, ajouter le reste de l'huile et les champignons.
• Saler, poivrer et laisser cuire pendant 6 à 8 min à feu moyen.
• Éplucher l'échalote et l'ail, les hacher avec le persil, les ajouter aux champignons et laisser cuire encore 2 min.
• Dresser les côtes sur des assiettes chaudes, les entourer des champignons et arroser du jus de citron.

Accompagnement

Servir avec 2 pommes de terre cuites à la vapeur et saupoudrées de persil et de quelques grains de gros sel de Guérande par personne.

Bon à savoir

Ces côtes de veau seront les bienvenues au repas du soir si on les choisit nettement plus petites et si on remplace les pommes de terre par 200 g de plus de girolles.

Grenadins de veau à la normande

Pour 2 personnes

Préparation : 15 min
Cuisson : 30 min

INGRÉDIENTS

500 g de grenadins
50 g de champignons de Paris
1 cuil. à soupe d'huile d'olive
10 g de beurre
100 g de crème fraîche
20 cl de cidre
1 bouquet d'estragon
Sel, poivre du moulin

• Dans une poêle, faire chauffer l'huile et le beurre, y saisir les grenadins de chaque côté, baisser le feu, saler et poivrer.
• Couvrir et laisser mijoter à feu doux pendant 15 min puis mettre de côté dans un plat chaud, couvrir celui-ci d'un papier aluminium et maintenir au chaud sur un chauffe-plat.
• Jeter la graisse de cuisson de la poêle et y verser le cidre en grattant les sucs de cuisson à l'aide d'une cuillère en bois, ajouter les feuilles d'estragon.
• Maintenir à ébullition jusqu'à réduction de moitié.
• Nettoyer et émincer les champignons.
• Ajouter la crème fraîche et les champignons, laisser réduire encore de moitié.
• Remettre les grenadins quelques instants dans la poêle en les nappant de sauce.
• Les servir aussitôt sur des assiettes chaudes.

Accompagnement
1 bol chinois de pâtes fraîches par personne.

Bon à savoir
• *Les grenadins sont des tranches épaisses coupées dans un filet mignon.*
• *Cette recette à la crème rend les grenadins peu raisonnables pour le soir. S'il vous en reste, il sera préférable de les finir le midi suivant, par exemple avec une part de petit salé pour compléter le plat.*

Émincé de veau aux lardons et aux champignons

Pour 5 personnes

Préparation : 15 min
Cuisson : 40 min

INGRÉDIENTS

- **1,25 kg de collier de veau en morceaux**
- **250 g de lardons en dés**
- **3 oignons émincés**
- **350 g de champignons de Paris**
- **10 cl de vermouth blanc (Noilly Prat par exemple)**
- **3 cuil. à soupe d'huile d'olive**
- **100 g de crème fraîche**
- **1 jaune d'œuf**
- **6 brins de persil**
- **3 branches de thym**
- **1 feuille de laurier**
- **3 feuilles de sauge**
- **1 brin de romarin**
- **Sel, poivre du moulin**

• Laver et émincer les champignons.

• Faire chauffer l'huile dans une cocotte, y faire raidir les morceaux de veau et les retirer à l'écumoire quand on ne voit plus de chair crue. Les réserver sur une assiette.

• Les remplacer par les oignons émincés, les lardons et les champignons.

• Faire cuire à feu moyen en remuant souvent.

• Quand l'eau qu'ils rendent est complètement évaporée, ajouter le vermouth et les herbes aromatiques.

• Faire réduire d'1/3 puis remettre la viande en attente avec le jus qu'elle a rendu ainsi que la crème fraîche.

• Baisser le feu, saler modérément à cause des lardons et poivrer.

• Laisser mijoter environ 25 min.

• Avant de servir, mettre le jaune dans un bol, le délayer avec 2 ou 3 cuil. à soupe de sauce de cuisson.

• À l'aide de l'écumoire, retirer les différents éléments de la cocotte pour les disposer dans le plat de service chaud.

• Ajouter le contenu du bol dans la cocotte, remuer pour mélanger intimement et verser la sauce obtenue dans le plat de service.

Accompagnement
1 bol chinois de riz par personne.

Bon à savoir
L'émincé de veau pourra se manger avec plaisir le soir, s'il s'agit d'un reste du midi dont on exclura les lardons. On ajoutera alors simplement 200 g de champignons.

Escalopes de veau au paprika

Pour 2 personnes

Préparation : 15 min
Cuisson : 15 min

INGRÉDIENTS

- **2 escalopes de veau de 250 à 300 g chacune**
- **1 oignon**
- **1 cube de bouillon de volaille**
- **2 cuil. à soupe de farine**
- **15 g de beurre**
- **1 cuil. à soupe d'huile d'olive**
- **2 cuil. à soupe de crème fraîche**
- **1 citron**
- **2 cuil. à café de paprika**
- **1 cuil. à café de persil haché**
- **Sel**

• Mettre la farine dans une assiette, y poser les escalopes des deux côtés, les secouer afin d'éliminer l'excédent de farine.

• Les saler et les saupoudrer d'1 cuil. à café de paprika.

• Faire fondre le beurre. Quand il est chaud, y faire cuire les escalopes 2 à 3 min de chaque côté.

• Les poser dans des assiettes que l'on gardera au chaud.

• Verser l'huile d'olive dans la poêle. Quand elle est chaude, y faire fondre l'oignon finement émincé en remuant de temps à autre.

• Diluer le cube de bouillon de volaille dans 1/2 litre d'eau chaude. Verser 10 cl de ce bouillon dans la poêle sur l'oignon, faire réduire de moitié sur feu vif puis baisser le feu.

• Ajouter la crème fraîche, laisser épaissir et verser le jus d'1/2 citron, mettre en saucière et vérifier l'assaisonnement.

• Couper 2 rondelles de citron, en tremper une dans le persil, l'autre dans le paprika les recouper chacune en deux et les disposer sur chaque assiette.

Accompagnement

Servir avec des coquillettes cuites à l'eau bouillante dans laquelle on aura ajouté le reste de bouillon de volaille et 1 feuille de laurier.

Bon à savoir

Le soir, servez 1 côte de 100 à 130 g et 1 petit bol chinois de purée de carottes (voir p. 266) par personne.

Escalopes de veau aux petits oignons et aux câpres

Pour 2 personnes

Préparation : 10 min
Cuisson : 20 min

INGRÉDIENTS

2 escalopes de veau de 250 g chacune
1 cuil. à soupe de câpres
1 dizaine de petits oignons au vinaigre
2 cuil. à soupe de farine
1 cuil. à soupe de vinaigre
1 cuil. à soupe d'eau
55 g de beurre
1 cuil. à soupe d'huile d'olive
1 cuil. à soupe de persil haché
Sel, poivre du moulin

• Préchauffer le four à 200 °C (th. 6-7).
• Étaler la farine dans une assiette, y poser les escalopes des deux côtés, secouer pour ôter l'excédent. Saler et poivrer.
• Dans une poêle, faire fondre 15 g de beurre et l'huile d'olive.
• Quand le mélange est chaud, disposer les escalopes, les faire dorer à feu modéré pour que le beurre ne brunisse pas.
• Lorsqu'elles sont bien dorées, les disposer dans les assiettes ou le plat de service et les placer dans le four porte entrouverte où elles termineront leur cuisson.
• Déglacer la poêle avec le vinaigre et l'eau en grattant avec une cuillère en bois pour détacher et dissoudre les sucs.
• Ajouter 40 g de beurre, fouetter pour velouter la sauce.
• Quand le beurre est fondu, ajouter les oignons et les câpres.
• Verser sur les escalopes.
• Saupoudrer de persil et servir.

Accompagnement
1 petit bol chinois de tagliatelles ou de frites.

Bon à savoir

L'escalope de veau peut se manger le soir, à condition de réduire la part individuelle à 130 g environ et une partie de la sauce donnera du goût à 1 petit bol chinois de brocolis.

Escalopes de veau au pistou et aux pignons de pin

Pour 2 personnes

Préparation : 10 min
Cuisson : 5 à 10 min

INGRÉDIENTS

400 g de noix de veau découpée en fines escalopes
Pistou :
1 bouquet de basilic
2 gousses d'ail
1 cuil. à café de pignons de pin
12,5 cl d'huile d'olive

• Pour préparer le pistou, mixer les feuilles de basilic avec les pignons et les gousses d'ail débarrassées de leur germe et ajouter l'huile d'olive jusqu'à consistance d'une crème épaisse.
• Préchauffer le four très chaud à 270 °C (th. 9).
• Faire chauffer 1 cuil. à soupe d'huile d'olive dans une poêle puis y mettre les escalopes, juste le temps de les dorer de chaque côté.
• Les retirer et les mettre sur 2 assiettes chaudes allant au four.
• Tartiner les escalopes de pistou et râper du brocoli cru et bien vert sur celles-ci, comme une chapelure.
• Passer au four très chaud pendant 1 min.

Accompagnement
1 petit bol chinois de tagliatelles au basilic (voir p. 137).

Bon à savoir
• *Vous pouvez, si vous le souhaitez, supprimer l'ail de la recette.*
• *On pourra, bien sûr, manger des escalopes de veau le soir, en diminuant à 100 à 150 g chaque part individuelle et en les accompagnant d'1 bol chinois de brocolis cuits* al dente.

Navarin de veau aux petits légumes

Pour 4 personnes

Préparation : 25 min
Cuisson : 1 h 35

INGRÉDIENTS

1 kg d'épaule de veau
200 g de haricots verts
8 carottes nouvelles
24 petits oignons blancs épluchés
8 petits navets nouveaux
500 g de petits pois frais ou surgelés
20 fèves fraîches ou surgelées
3 cuil. à soupe d'huile d'olive
10 cl de crème fraîche
1 jaune d'œuf
1 cuil. à soupe rase de farine
15 cl de vin blanc
25 cl de bouillon de volaille
1 feuille de céleri
2 branches de thym
1 feuille de laurier
1 branche de sarriette
3 branches de persil
Sel, poivre du moulin

- Demander au boucher de couper l'épaule en gros cubes.
- Dans une cocotte, faire chauffer l'huile y faire dorer les morceaux de viande, les saupoudrer de farine, ajouter le bouillon, le céleri, le vin blanc et les fèves. Saler très légèrement à cause du bouillon, poivrer. Compléter par les herbes aromatiques.
- Couvrir et laisser mijoter 1 h à feu doux.
- Éplucher les carottes, les couper en rondelles. Éplucher les navets, les couper en morceaux. Les ajouter ainsi que les autres légumes dans la cocotte. Laisser mijoter à feu doux.
- Au bout de 30 min, arrêter la cuisson.
- Mélanger dans un bol le jaune d'œuf, la crème fraîche et verser le mélange sur le contenu de la cocotte puis remuer pour bien lier le tout.
- Servir aussitôt.

Bon à savoir

- *Ce plat peut se préparer la veille, on ajoutera le mélange d'œuf et de crème après l'avoir réchauffé.*
- *Bien qu'il s'agisse d'un plat du midi on y ajoute volontairement des petits légumes qui viennent compléter la part de féculents présents en bonne quantité.*

Déjeuner

Sauté de veau à la moutarde

Pour 2 personnes

Préparation : 15 min
Cuisson : 50 min

INGRÉDIENTS

500 g de veau coupé en morceaux dans l'épaule
50 g de lardons
1/2 litre d'eau
1 verre de vin blanc sec
1 grosse cuil. à soupe de moutarde
10 g de beurre
1 cuil. à soupe d'huile d'olive
1 cuil. à soupe de farine
1 verre à liqueur de crème de cassis
Sel, poivre du moulin

- Dans une cocotte, verser l'eau, le vin blanc et la moutarde, ajouter la viande, couvrir et laisser cuire 20 min.
- Retirer la viande en l'égouttant et filtrer le bouillon. Remettre les morceaux de veau dans la même cocotte et les faire dorer dans le beurre et l'huile d'olive.
- Ajouter 1 cuil. à soupe de farine, la crème de cassis et le bouillon.
- Saler, poivrer et cuire environ 25 min jusqu'à épaississement de la sauce.

Accompagnement

1 bol chinois de riz pilaf (voir p. 134) par personne, auquel on ajoutera quelques petits morceaux de poivrons.

Bon à savoir

- *On gardera le surplus de sauce pour un plat du soir. Celle-ci se conservera 3 jours au réfrigérateur ou plusieurs semaines congelée.*
- *Le sauté de veau peut se manger le soir s'il en reste du midi, mais en excluant les lardons et en l'accompagnant d'1 petit bol chinois de purée de tomates.*

Osso-buco

Pour 2 personnes

Préparation : 25 min
Cuisson : 1 h 25

INGRÉDIENTS

500 g de jarret de veau en tranches
1 branche de céleri
1 carotte
4 tomates
1 échalote
1 gousse d'ail sans son germe
2 cuil. à soupe d'huile d'olive
1 cuil. à soupe de farine
1 verre de vin blanc
1/2 citron (zeste)
2 cuil. à soupe de persil haché
Sel, poivre du moulin

• Éplucher la carotte et la couper en petits dés. Détailler la tige du céleri en petits tronçons. Peler et hacher les tomates. Hacher l'échalote.
• Saler, poivrer et fariner les tranches de jarret de veau.
• Dans une sauteuse, faire chauffer l'huile d'olive et mettre à dorer les tranches de viande des deux côtés.
• Ajouter l'échalote, le céleri, la carotte et les faire dorer ensemble.
• Verser le vin blanc et 1 verre d'eau bouillante, ajouter les tomates, l'ail écrasé, le zeste de citron haché et le persil.
• Saler, poivrer, couvrir et laisser mijoter à feu moyen pendant 1 h 15.
• Servir.

Accompagnement

Servez avec 1 petit bol chinois de riz safrané (voir p. 135) ou encore 1 part de polenta par personne (voir p. 138).

Bon à savoir

L'osso-buco peut parfaitement se manger le soir à raison de 120 à 130 g par personne, accompagné d'1 petit bol chinois de carottes. Il suffira d'ailleurs de mettre celles-ci dans la sauteuse avec les autres légumes, pour les cuire avec la viande.

Paupiettes de veau et pommes de terre sautées

Pour 2 personnes

Préparation : 10 min
Cuisson : 25 min

INGRÉDIENTS

4 paupiettes de veau fraîches ou surgelées
4 à 6 grosses cuil. à soupe de pommes de terre sautées surgelées en petits dés
2 cuil. à café de moutarde forte de Dijon
4 cuil. à café d'huile d'olive
Sel, poivre du moulin

• Si vous choisissez des paupiettes surgelées, disposer les 4 paupiettes dans une assiette et mettre celle-ci au four à micro-ondes 6 min en position maximum.

• Mettre 2 cuil. à café d'huile d'olive dans une poêle et chauffer 4 min à feu vif.

• Y poser les paupiettes qu'on retournera sur les faces et les côtés pour bien les dorer et faire fondre en partie la barde de lard qui les entoure.

• Remettre les paupiettes au four à micro-ondes 15 min position maximum.

• Pendant ce temps, déglacer la poêle bien chaude avec 2 cuil. à café de moutarde, remuer 2 min à la spatule pour obtenir une sauce onctueuse qu'on mettra en réserve dans un petit bol.

• Remettre ensuite les 2 autres cuil. à café d'huile d'olive, répartir le plus à plat possible les pommes de terre sautées qu'on rissolera en les tournant bien dans la poêle.

• À la fin de la cuisson des paupiettes, mettre celles-ci dans les assiettes avec les pommes de terre.

• Il reste dans l'assiette qui a servi à cuire les paupiettes une bonne quantité de jus clair ; verser celui-ci dans la poêle avec la sauce laissée en réserve.

• Saler, poivrer et remuer à nouveau pour obtenir l'accompagnement qu'on versera sur les paupiettes et les pommes de terre.

Bon à savoir

Attention ! Si vous divisez par 2, n'oubliez pas que le temps de cuisson du four à micro-ondes sera divisé par 3.

Foie de veau au lard et à la fondue d'oignons

Pour 2 personnes

Préparation : 10 min
Cuisson : 1 h 25

INGRÉDIENTS

400 g de foie de veau
100 g de lard fumé en dés
400 g d'oignons
30 g de beurre
1 cuil. à soupe d'huile d'olive
1 gousse d'ail
1 cuil. à café de thym
1/2 feuille de laurier
Sel, poivre du moulin

• Dans une cocotte, faire chauffer le beurre et l'huile d'olive et y faire revenir les lardons, les retirer quand le gras devient transparent et les remplacer par les tranches de foie de veau.
• Faire dorer celles-ci à feu vif sur les deux faces puis les retirer également.
• Placer alors dans la cocotte les oignons émincés, le thym, le laurier et la gousse d'ail écrasée et débarrassée de son germe, saler et poivrer.
• Laisser cuire à feu doux à couvert pendant 1 h.
• Lorsque les oignons sont réduits en purée, remettre les lardons et poser les tranches de foie dessus.
• Laisser mijoter à feu très doux pendant 15 min.
• Servir les tranches de foie sur des assiettes chaudes, nappées de la fondue d'oignons et des lardons.

Accompagnement
1 petit bol chinois de purée de pommes de terre aux amandes (voir p. 129).

Bon à savoir
Ce plat est strictement réservé au repas du midi et il est interdit aux victimes de l'hypercholestérolémie génétique.

Foie de veau poêlé au vinaigre de framboise

Pour 2 personnes

Préparation : 10 min
Cuisson : 15 à 20 min

INGRÉDIENTS

400 g de foie de veau
1 gousse d'ail
1 échalote hachée
1 petit oignon coupé en rondelles fines
1 cuil. à soupe de vinaigre de framboise
2 cuil. à soupe d'huile d'olive
1/2 feuille de laurier
1 cuil. à café de thym
Sel, poivre du moulin

• Dans une poêle antiadhésive, faire chauffer l'huile à feu vif, y faire frire les rondelles d'oignon. Dès qu'elles sont dorées, les réserver sur une assiette.
• Mettre les tranches de foie dans la poêle et les faire cuire à feu moyen environ 4 min de chaque côté. Saler, poivrer, les réserver sur une assiette en les recouvrant de papier aluminium pour les maintenir au chaud.
• Dans la même poêle, faire fondre l'échalote et l'ail débarrassé de son germe et écrasé. Ajouter le vinaigre de framboise, le thym, le laurier et cuire 2 min en remuant puis remettre le foie juste le temps de le réchauffer.
• Servir le foie et son fond de sauce bien chaud.

Accompagnement

Par personne, 2 pommes de terre cuites à la vapeur saupoudrées de gros sel de Guérande, de poivre mignonnette et de persil.

Bon à savoir

Le foie de veau et tous les abats se mangent exclusivement le midi et sont strictement interdits aux victimes de l'hypercholestérolémie génétique.

Pâte à pizza

Pour 500 g de pâte (3 pâtons)

Préparation : 10 min
Attente : 1 h 30

INGRÉDIENTS

300 g de farine
17,5 cl d'eau
20 g de levure de boulanger
2 cuil. à soupe d'huile d'olive
1 pincée de sel

• Faire tiédir l'eau avec l'huile et le sel, y délayer la levure.
• Sur le plan de travail, mettre 250 g de farine en formant un puits. Verser le mélange au centre du puits.
• Malaxer du bout des doigts la farine au centre du puits et pétrir pour obtenir une pâte bien homogène et souple, en ajoutant s'il le faut le reste de farine.
• Former une boule, la couvrir d'un torchon et la laisser lever pendant 1 h 30 dans un endroit tiède, jusqu'à ce qu'elle ait doublé de volume.

Bon à savoir
Cette pâte à pizza est une pâte à pain qui ne lève pas, elle ne peut donc être utilisée que pour faire... des pizzas !

Pizza

Pour 2 personnes

Préparation : 25 min
Cuisson : 1 h en tout

INGRÉDIENTS

1 pâton de pâte à pizza fraîche (voir p. 102) ou surgelée

Garniture
160 g de steak haché
8 rondelles de chorizo
750 g de tomates bien mûres ou 400 g de tomates pelées en boîte
1 oignon
100 g d'olives noires
1 gousse d'ail
4 œufs
2 cuil. à soupe d'huile d'olive
1 cuil. à soupe d'origan
Sel, poivre du moulin

• Éplucher les tomates après les avoir plongées 15 s dans l'eau bouillante, les épépiner et les couper en rondelles.
• Éplucher l'oignon et l'émincer. Éplucher la gousse d'ail et enlever le germe.
• Faire chauffer 1 cuil. à soupe d'huile d'olive dans une casserole, y faire revenir l'oignon. Quand il devient transparent, écraser l'ail sur l'oignon, faire revenir quelques secondes puis ajouter les tomates. Couvrir et laisser mijoter pendant 30 min.
• Étaler la pâte à pizza en 2 disques de 20 cm de diamètre environ.
• Huiler la plaque à pâtisserie du four, y poser les disques et remonter les bords afin que la garniture reste en place.
• Préchauffer le four à 220 °C (th. 7-8).
• Faire chauffer 1 cuil. à soupe d'huile dans une poêle, y faire rapidement revenir la viande hachée, quelques secondes suffisent.
• Battre les œufs en omelette. Mélanger avec la viande hachée et la préparation aux tomates.
• Répartir sur les pizzas, saler, poivrer, saupoudrer d'origan, parsemer d'olives et de chorizo.
• Enfourner pendant 20 min environ, jusqu'à ce que la pâte à pizza soit dorée et croustillante.

Bon à savoir
Cette recette est, bien entendu, strictement réservé aux repas du midi.

Vinaigrette de base

Pour 2 personnes

INGRÉDIENTS

2 cuil. à soupe de vinaigre de vin
6 cuil. a soupe d'huile d'olive
1 cuil. à café de moutarde forte de Dijon
Sel, poivre du moulin

Dans un bol, mettre le sel, le poivre, le vinaigre et la moutarde, bien mélanger à la fourchette et ajouter l'huile petit à petit.

Bon à savoir

Vous pouvez innover à l'infini en fonction de vos salades :
- en ajoutant à cette recette de base des herbes, échalotes, oignons, cornichons...
- en variant les vinaigres (de cidre, de framboise...), les moutardes (à l'ancienne...) et les huiles (de noix, de noisette, de pépins de raisin...).

Salade alsacienne

Pour 2 personnes

Préparation : 15 min
Cuisson : 35 min

INGRÉDIENTS

4 saucisses de Francfort
4 saucisses de Strasbourg
200 g de petit salé cuit
100 g de jambon fumé
4 pommes de terre
1 oignon
Vinaigrette (voir p. 104)

- Faire cuire les pommes de terre 30 min dans l'eau bouillante.
- Émincer finement l'oignon.
- Couper en morceaux le petit salé et le jambon.
- Éplucher les pommes de terre et les couper en morceaux.
- Dans une casserole d'eau bouillante, faire pocher les saucisses puis les couper en morceaux.
- Mettre le tout dans un saladier, arroser avec la vinaigrette et mélanger soigneusement avant de servir.

Bon à savoir

On pourra utiliser dans la vinaigrette de l'huile de pépins de raisin afin de laisser tout son goût à la charcuterie.

Salade savoyarde

Pour 2 personnes

Préparation : 10 min
Cuisson : 30 min

INGRÉDIENTS

100 g de tomme de Savoie
100 g de saucisson sec
100 g de jambon de pays
100 g de viande séchée des Grisons
100 g de saucisse sèche
4 pommes de terre
8 baies de genièvre écrasées
1 cuil. à café de persil
Vinaigrette (voir p. 104)

• Faire cuire les pommes de terre 30 min dans l'eau bouillante.
• Éplucher les pommes de terre, les couper en cubes ainsi que le fromage.
• Enlever la peau du saucisson et de la saucisse sèche, les couper en rondelles qu'on recoupera en quatre.
• Couper le jambon de pays en morceaux.
• Mettre le tout dans un saladier en ajoutant la viande des Grisons, parsemer avec le persil et le genièvre.
• Arroser avec la vinaigrette, mélanger soigneusement l'ensemble et servir.

Salade bourguignonne

Pour 2 personnes

Préparation : 10 min
Cuisson : 50 min

INGRÉDIENTS

300 g de petit salé cuit
100 g de petits lardons
4 petites saucisses sèches
2 petits bols chinois de lentilles
1 cuil. à soupe de persil haché
1 cuil. à soupe d'estragon haché
Vinaigrette (voir p. 104)

- Faire cuire les lentilles entre 45 min et 1 h dans de l'eau bouillante.
- Couper le petit salé en morceaux.
- Couper les petites saucisses sèches en rondelles.
- Dans une poêle antiadhésive, faire griller les lardons.
- Mettre le tout dans un saladier avec les lentilles cuites.
- Parsemer avec le persil et l'estragon.
- Arroser de vinaigrette et mélanger soigneusement avant de servir.

Bon à savoir
Pour cette salade, l'huile de noix sera la mieux adaptée.

Salade niçoise

Pour 2 personnes

Préparation : 10 min
Cuisson : 20 min

INGRÉDIENTS

2 œufs durs
200 g de jambon blanc
200 g de sardines à l'huile
2 tomates
10 olives vertes
10 olives noires
1 poignée de haricots verts
100 g de riz
1 cuil. à café de basilic haché
1 cuil. à café de thym
1 cuil. à café d'origan
Vinaigrette (voir p. 104)

- Faire cuire le riz à l'eau.
- Faire cuire les haricots verts dans de l'eau bouillante.
- Dans un saladier, mettre les œufs durs coupés en rondelles, le jambon coupé en morceaux, les sardines émiettées.
- Ajouter les tomates coupées en tranches, les olives, le riz et les haricots verts.
- Arroser de vinaigrette et parsemer d'herbes.
- Mélanger soigneusement le tout et servir.

Bon à savoir
L'huile d'olive s'impose pour cette salade.

Salade périgourdine

Pour 2 personnes

Préparation : 10 min

INGRÉDIENTS

100 g de gésiers de canard confits
100 g de magret fumé
2 cuisses de confit de canard
100 g de flageolets en boîte
1 cuil. à soupe de persil haché
1 cuil. à soupe d'estragon haché
Vinaigrette (voir p. 104)

• Désosser les cuisses de canard, les couper en morceaux ainsi que les tranches de magret et les gésiers.
• Égoutter les flageolets.
• Mettre le tout dans un saladier, parsemer de persil et d'estragon.
• Arroser de vinaigrette et bien mélanger le tout avant de servir.

Bon à savoir
L'huile de noisette est ici indiquée pour son mariage heureux avec l'estragon haché. On pourra également utiliser de l'huile de noix.

Salade basque

Pour 2 personnes

Préparation : 15 min
Cuisson : 30 min

INGRÉDIENTS

200 g de thon en boîte
8 filets d'anchois
200 g de jambon de pays cru
2 œufs durs
4 petites pommes de terre
1 poivron
2 tomates
8 petits oignons au vinaigre
1 cuil. à soupe de persil haché
Vinaigrette (voir p. 104)

• Éplucher le poivron (il sera ainsi plus facile à digérer) avec un couteau économe et l'épépiner.
• Dans une casserole d'eau bouillante, faire cuire les pommes de terre à la peau.
• Couper le poivron et les pommes de terre en dés.
• Couper les œufs durs et les tomates en rondelles.
• Couper le jambon et les filets d'anchois en morceaux.
• Émietter le thon.
• Mettre le tout dans un saladier, ajouter les petits oignons et parsemer de persil haché.
• Arroser avec la vinaigrette et mélanger soigneusement avant de servir.

Salade des côtes bretonnes

Pour 2 personnes

Préparation : 10 min
Cuisson :
artichauts : 25 min
fruits de mer : 10 min

INGRÉDIENTS

500 g de cocktail de fruits de mer surgelés
4 fonds d'artichauts
100 g de chou-fleur
1 cuil. à soupe d'huile d'olive
2 œufs
Vinaigrette (voir p. 104)

- Cuire les œufs mollets : plonger délicatement les œufs dans de l'eau bouillante salée. Laisser bouillir 5 min. Retirer les œufs, les plonger aussitôt dans l'eau froide pour arrêter la cuisson, et les écaler.
- Faire cuire les 4 fonds d'artichauts (voir p. 000) et les couper en morceaux.
- Séparer le chou-fleur en petits bouquets.
- Couper les œufs mollets en rondelles.
- Dans une poêle antiadhésive, faire chauffer 1 cuil. à soupe d'huile d'olive et y faire rissoler légèrement les fruits de mer.
- Mettre le tout dans un saladier, arroser de vinaigrette.
- Mélanger l'ensemble soigneusement et servir.

Bon à savoir

On peut aussi, si on préfère, faire cuire le chou-fleur.

Salade normande

Pour 2 personnes

Préparation : 15 min
Cuisson : 30 min

INGRÉDIENTS

100 g de saucisson à l'ail
100 g d'andouille de Vire
300 g d'escalopes de poulet cuites
4 pommes de terre
1 pomme fruit
1 échalote hachée
1 cuil. à soupe de persil haché
Vinaigrette (voir p. 104)

- Faire cuire les pommes de terre à l'eau bouillante.
- Éplucher les pommes de terre et les couper en morceaux.
- Éplucher la pomme fruit et la couper en petits quartiers.
- Couper en rondelles puis en morceaux le saucisson et l'andouille.
- Désosser et couper en morceaux les cuisses de poulet.
- Mettre le tout dans un saladier, parsemer avec l'échalote et le persil.
- Arroser avec la vinaigrette et mélanger soigneusement l'ensemble avant de servir.

Bon à savoir

Le vinaigre de cidre sera particulièrement savoureux dans la vinaigrette.

Salade parisienne

Pour 2 personnes

Préparation : 15 min
Cuisson : 30 min

INGRÉDIENTS

400 g de bœuf bouilli
2 œufs mollets
4 pommes de terre
8 petits oignons au vinaigre
4 cornichons
1 échalote hachée
1 cuil. à soupe de persil haché
1 cuil. à soupe d'estragon haché
6 brins de ciboulette ciselés
Vinaigrette (voir p. 104)
Sel, poivre du moulin

- Faire cuire les pommes de terre dans l'eau bouillante, les éplucher.
- Couper en dés le bœuf et les pommes de terre, les déposer dans un grand saladier.
- Ajouter les œufs coupés en quatre, les cornichons coupés en rondelles et les petits oignons.
- Arroser avec la vinaigrette.
- Ajouter l'échalote et parsemer d'herbes.
- Saler, poivrer, bien mélanger et servir.

Bon à savoir

Suivant les variétés, les pommes de terre absorbent plus ou moins la vinaigrette, on variera donc la quantité. Il en faut, par exemple, assez peu pour la ratte et beaucoup pour la charlotte.

Crevettes au cidre en omelette

Pour 2 personnes

Préparation : 10 min
Cuisson : 20 min

INGRÉDIENTS

300 g de crevettes grises vivantes
1/2 litre de cidre
1/2 litre d'eau
4 œufs
1 cuil. à soupe de crème fraîche
2 grains de coriandre
1 bouquet garni
Sel, poivre du moulin

• Dans une casserole, mettre à bouillir le cidre et l'eau, saler fortement, poivrer, ajouter la coriandre, le bouquet garni et maintenir l'ébullition pendant 10 min.
• Dans ce court-bouillon, jeter les crevettes vivantes et compter 3 à 4 min de cuisson à partir de la reprise de l'ébullition, puis les sortir à l'aide d'une écumoire pour les égoutter, les décortiquer et les mélanger à 1 cuil. à soupe de crème fraîche.
• Battre les œufs en omelette.
• Dans une poêle antiadhésive bien chaude, verser les œufs battus en omelette et, quand celle-ci commence à prendre, éparpiller dessus les crevettes crémées puis rouler l'omelette pour les recouvrir.
• Servir aussitôt.

Accompagnement
1 pomme de terre vapeur par personne

Bon à savoir
Bien qu'il comporte une bonne part de crevettes ce plat riche en œufs se mange le midi.

Lotte au curry

Pour 2 personnes

Préparation : 10 min
Cuisson : 25 min

INGRÉDIENTS

400 g de filets de lotte
2 oignons émincés en tranches fines
1 gousse d'ail
1 cuil. à soupe de farine
15 g de beurre
2 cuil. à soupe d'huile d'olive
1 verre à vin de vin blanc
1 cuil. à café de curry Madras
Sel, poivre du moulin

• Rouler les filets de lotte dans la farine. Les secouer pour en ôter l'excédent.
• Faire revenir les filets de lotte dans une poêle avec 1 cuil. à soupe d'huile d'olive et le beurre jusqu'à ce que l'eau qu'ils rendent s'évapore.
• Poser les filets en attente dans une assiette, verser 1 cuil. à soupe d'huile d'olive dans la poêle, y mettre l'oignon émincé à fondre.
• Dès que l'oignon est devenu transparent, poser dessus les filets de lotte, saler, poivrer, ajouter le vin blanc et la gousse d'ail écrasée, saupoudrer de curry, recouvrir et laisser cuire 15 min à feu moyen.

Accompagnement
1 petit bol chinois de riz.

Bon à savoir
• *Bien qu'en principe on doive le manger le soir, nous avons classé ce plat au déjeuner car il est très nourrissant. Cependant, veillez dans ce cas à très bien petit déjeuner le matin.*
• *Le soir, servez-le avec des courgettes sautées (voir p. 269).*

Haddock et moruette aux châtaignes

Pour 2 personnes

Préparation : 30 min
Cuisson : 35 min

INGRÉDIENTS

- **200 g de haddock**
- **400 g de moruette**
- **250 g de châtaignes**
- **25 g de beurre**
- **1 verre de lait**
- **1 verre d'eau**
- **Sel, poivre du moulin**

• Inciser en croix le sommet des châtaignes. Les jeter dans l'eau bouillante en maintenant l'ébullition pendant 5 min.
• Les sortir deux par deux en prenant soin d'éplucher les deux peaux en même temps.
• Les remettre dans une casserole d'eau salée bouillante et laisser à ébullition 15 min. Égoutter et laisser en attente.
• Dans une casserole, poser les filets de haddock. Les recouvrir du verre de lait et du verre d'eau. Ne surtout pas saler. Porter à ébullition et laisser frémir 10 min.
• Pendant ce temps, faire chauffer dans une poêle 25 g de beurre. Quand il est chaud, verser les châtaignes et y faire cuire les filets de moruette environ 3 min de chaque côté. Saler, poivrer.
• Dès que le haddock est cuit, l'égoutter et le disposer dans des assiettes chaudes avec la moruette et les châtaignes.

Accompagnement

Les châtaignes constituent la part de féculents nécessaire à un repas du midi.

Bon à savoir

• *La moruette est une petite morue, tout aussi bonne que la grande.*

• L'accompagnement de ce poisson gras avec le féculent particulièrement riche qu'est la châtaigne permet de le servir au déjeuner. On peut cependant le préparer pour le dîner, à condition que celui-ci précède une longue soirée. Dans ce cas, il sera sage de manger, à midi, de la viande blanche accompagnée de légumes verts, afin de ne pas augmenter la part quotidienne de féculents.

• Précision importante : ce plat du soir est excellent pour ceux qui estiment avoir un peu trop de ventre !

Pâté de poisson

Déjeuner

Préparation : 20 min
Cuisson : 1 h 15

Ingrédients

1,2 kg de cabillaud
8 œufs
1 petite boîte de concentré de tomate
Quelques gouttes de tabasco
1 sachet de court-bouillon
15 g de beurre pour le moule
Sel, poivre du moulin

Pour la sauce à l'avocat
2 avocats
2 cuil. à soupe de rhum blanc agricole
2 cuil. à soupe de jus de citron vert
2 cuil. à café d'huile d'olive
3 traits de tabasco

Matériel

Papier aluminium
1 moule à cake

• Dans le court-bouillon froid, placer le cabillaud, le porter à ébullition, baisser le feu et maintenir des frémissements pendant 15 min.
• Laisser reposer hors du feu pendant 10 min.
• Sortir le poisson du court-bouillon et ôter la peau pendant qu'il est chaud.
• Préchauffer le four à 200 °C (th. 6-7).
• Dans un saladier, mettre le concentré de tomate, le tabasco, casser 1 œuf, le remuer sans le battre et casser le reste des œufs un à un en remuant à chaque œuf.
• Saler, poivrer et émietter le poisson sur le mélange dans le saladier.
• Mélanger intimement, vérifier l'assaisonnement (qui doit être assez relevé).
• Prendre un moule à cake, découper une feuille de papier aluminium de longueur égale à 2 fois la hauteur et la largeur du moule. La beurrer largement, en tapisser le moule.
• Verser la préparation et recouvrir avec le papier débordant du moule.
• Mettre au four dans un bain-marie, pendant 1 h.
• Pendant ce temps, préparer la sauce à l'avocat : mixer la pulpe des avocats avec le jus de citron vert, le rhum, le tabasco, du sel et du poivre.
• Laisser refroidir le pâté de poisson, le mettre au réfrigérateur.
• Au moment de servir, démouler le pâté de poisson, le poser sur le plat de service, décorer avec des quartiers de tomates et des brins de persil. Napper de sauce à l'avocat.

Bon à savoir

• Cette sauce accompagne particulièrement bien ce pâté de poisson, mais elle peut aussi servir pour accommoder un plat très épicé.

• Au déjeuner, on comptera 4 à 6 personnes en fonction de l'appétit ou de la gourmandise des convives.

• Vous pouvez servir ce pâté de poisson en entrée. Il régalera 6 à 8 personnes.

Harengs marinés au vin blanc

Pour une terrine de 5 à 6 litres

Préparation (3 jours à l'avance) : 30 min
Cuisson : 20 min

INGRÉDIENTS

3 kg de harengs de taille moyenne
1 litre de vin blanc
1/2 litre de vinaigre de vin blanc ou d'alcool
2 citrons
3 carottes
6 oignons moyens
4 gousses d'ail
4 clous de girofle
7 petits piments secs
Quelques graines de piment de la Jamaïque
3 branches de thym
2 feuilles de laurier
3 feuilles de sauge
Poivre en grains

• Vider les poissons, couper les têtes, les laver et les essuyer.
• Éplucher les carottes et les oignons, les couper en rondelles ainsi que les citrons.
• Dans une terrine de 5 à 6 litres ou un plat profond allant au feu, faire un lit de :
- 3 rondelles d'oignons, 2 rondelles de citron, quelques rondelles de carottes ;
- 1 branche de thym, 1 feuille de laurier, 1 petit piment, 2 feuilles de sauge, quelques grains de poivre, quelques graines de piment de la Jamaïque, 1 gousse d'ail, 1 clou de girofle. Puis, poser un lit de harengs bien serrés et saupoudrer de gros sel.
• Avant de continuer, réserver 1 rondelle de citron, 1 gousse d'ail, 2 rondelles d'oignon, quelques rondelles de carotte.
• Refaire un lit d'aromates, puis un lit de harengs jusqu'à épuisement et terminer par un lit d'aromates.
• Dans une grande casserole, faire bouillir le vin, le vinaigre, 1 rondelle de citron, 1 gousse d'ail, 2 rondelles d'oignon, quelques rondelles de carottes et poivrer.
• Lorsque les rondelles de carottes sont cuites, la marinade est à point.
• La filtrer dans une grande passoire puis la verser encore bouillante sur les poissons.

Matériel

1 terrine de 5 à 6 litres ou un plat profond allant au four

- Mettre la terrine sur le feu et faire pocher sans bouillir en maintenant le liquide frémissant pendant 12 à 13 min.
- Laisser refroidir, couvrir et mettre au frais.
- On laissera les harengs macérer au moins 3 jours au froid avant de les servir très frais.

Accompagnement

2 pommes de terre à la vapeur par personne.

Bon à savoir

- *Au déjeuner, arroser les pommes de terre de vinaigrette (voir p. 104).*
- *Le soir, les harengs se suffiront à eux-mêmes et ne nécessiteront aucun accompagnement.*

Quenelles de poisson gratinées sauce béchamel

Pour 2 personnes

Préparation : 15 min
Cuisson : 25 min

INGRÉDIENTS

6 quenelles de poisson fraîches ou surgelées
3 cuil. à café de fumet de poisson déshydraté
1 cuil. à café de gros sel, poivre du moulin

Pour la sauce béchamel
1 cuil. à soupe de crème fraîche
30 g de beurre
100 g de gruyère râpé
30 g de farine
8 petits oignons au vinaigre
1 cuil à café de câpres
1 pointe de couteau de noix muscade

- Remplir d'eau jusqu'à moitié une casserole suffisamment grande pour que les quenelles tiennent côte à côte.
- Ajouter le fumet de poisson et le gros sel. Mettre l'ensemble à chauffer.
- Quand l'eau bout, y déposer les quenelles et réduire le feu en maintenant l'eau frémissante pendant 15 min.
- Dans une petite casserole, mettre le beurre et la farine, chauffer en les mélangeant jusqu'à obtenir une sauce crémeuse.
- Ajouter 3 louches de cuisson de quenelles en mélangeant bien au fouet jusqu'à ébullition.
- Ajouter alors la crème fraîche, la noix muscade, les câpres et les petits oignons.
- Dans un plat à gratin, déposer les quenelles, les recouvrir de sauce, parsemer de gruyère râpé et faire gratiner juste sous le gril du four.

Accompagnement

Le riz étant le plus calorique des féculents, il sera l'accompagnement idéal.

Bon à savoir

Bien que largement composé de gruyère râpé, ce plat n'est pas très nourrissant. On prendra donc soin de ne pas le manger un jour de grosse activité.

Omelette chinoise

Pour 2 personnes

Préparation : 15 min
Marinade : 20 min
Cuisson : 10 min

INGRÉDIENTS

200 g de viande de bœuf hachée
4 œufs
2 cuil. à café d'huile de sésame
1 cuil. à café de sauce soja claire
2 cuil. à soupe d'huile d'olive
4 cuil. à soupe de ciboulette ciselée
Sel, poivre du moulin

La marinade
2 cuil. à café de sauce soja claire
2 cuil. à café de xérès sec
2 cuil. à café d'huile de sésame
1 cuil. à café de sucre en poudre

• Préparer la marinade.
• Y mélanger la viande et la laisser mariner 20 min.
• Dans une poêle, chauffer à feu vif 1 cuil. à soupe d'huile d'olive. Dès qu'elle devient incolore, ajouter la viande et la faire cuire 2 min en la remuant, puis la retirer.
• Dans un saladier, battre les œufs et y ajouter l'huile de sésame, le sel, le poivre, la sauce soja et la ciboulette.
• Dans la poêle qu'on aura bien essuyée, mettre 1 cuil. à soupe d'huile d'olive et chauffer à nouveau à feu vif jusqu'à ce que l'huile devienne incolore. Bien la répartir alors dans toute la poêle, ajouter les œufs battus et les faire revenir toujours à feu vif jusqu'à ce qu'ils commencent à coaguler.
• Ajouter la viande et laisser cuire encore 1 min.
• Servir dans un plat chaud avec 1 petit bol de riz par personne.

Bon à savoir

• *Les œufs, tout comme la viande rouge, ne se mangent en aucun cas le soir. Ce plat est donc strictement réservé au midi.*
• *On peut très bien déroger aux coutumes chinoises et accompagner cette omelette d'1 petit bol chinois de frites.*

Omelette aux foies de volaille

Pour 2 personnes

Préparation : 15 min
Cuisson : 15 min

INGRÉDIENTS

4 œufs
200 g de foies de volaille
1 échalote émincée
15 g de beurre
2 cuil. à soupe d'huile d'olive
2 cuil. à soupe de persil haché
Sel, poivre du moulin

• Dans une poêle, faire chauffer l'huile d'olive. Quand l'huile est chaude, faire revenir l'échalote hachée à feu moyen.

• Quand elle devient transparente, ajouter les foies de volaille, 1 cuil. à soupe de persil haché, saler, poivrer, cuire 3 à 4 min. Maintenir au chaud.

• Dans un saladier, battre les œufs à l'aide d'une fourchette, pas trop longtemps, juste pour rendre les blancs et les jaunes homogènes.

• Saler, poivrer et ajouter 1 cuil. à soupe de persil haché.

• Mettre le beurre à chauffer dans une poêle en veillant à ce qu'il ne brûle pas. Quand il est bien chaud et blond, verser les œufs, remuer à l'aide d'une fourchette ou d'une cuillère en bois si vous utilisez une poêle antiadhésive en les ramenant vers le centre de la poêle, les bords cuisant plus vite.

• Quand la surface est encore baveuse, ajouter les foies de volaille et replier l'omelette sur elle-même en la faisant glisser sur le plat de service.

Accompagnement

1 petit bol chinois de pommes de terre sautées (voir p. 131).

Œufs aux tomates

Pour 2 personnes

Préparation : 15 min
Cuisson : 15 min

INGRÉDIENTS

6 œufs
6 tomates
3 cuil. à café de basilic haché
15 g de beurre pour le plat
Sel, poivre du moulin

- Laver les tomates, les décalotter du côté de la queue afin de les creuser à l'aide d'une petite cuillère sans abîmer les parois.
- Saler et poivrer l'intérieur des tomates et y déposer un peu de basilic grossièrement haché.
- Beurrer un plat allant au four, préchauffer le four à 225 °C (th. 7-8).
- Poser les tomates dans le plat, casser délicatement 1 œuf dans chaque tomate et enfourner pendant environ 15 min. Vérifier que le blanc est figé mais que le jaune est encore liquide.

Accompagnement
1 petit bol chinois de riz pilaf (voir p. 134).

Œufs à la normande

Pour 2 personnes

Préparation : 10 min
Cuisson : 10 min

INGRÉDIENTS

6 œufs
20 g de beurre
70 g de crème fraîche
4 à 5 râpées de noix muscade
2 cuil. à soupe de moutarde forte de Dijon
1 cuil. à soupe d'huile d'olive
1 cuil. à café de ciboulette ciselée
3 oignons moyens
30 g de farine
1/2 bouteille de cidre
Sel, poivre du moulin

• Durcir les œufs.

• Dans une casserole, faire chauffer l'huile d'olive et le beurre à feu moyen et y faire fondre les oignons. Quand ils commencent à blondir, les saupoudrer de farine.

• Mélanger et verser le cidre petit à petit tout en tournant, poursuivre la cuisson environ 10 min à feu doux sans cesser de tourner.

• Mélanger la moutarde et la crème fraîche et les verser dans la sauce. Saler, poivrer et ajouter la noix muscade.

• Sur 2 assiettes chaudes, verser la moitié de la sauce, disposer les œufs et les napper du reste de la sauce. Parsemer de ciboulette.

Bon à savoir

S'il vous en reste un peu, ce plat pourra compléter un petit déjeuner.

Œufs brouillés au Martini

Pour 2 personnes

Préparation : 10 min
Cuisson : 5 à 10 min

INGRÉDIENTS

6 œufs
10 cl de Martini
125 g de crabe en boîte
50 g de beurre
2 traits de tabasco
Sel, poivre du moulin

• Casser les œufs dans une casserole et les battre à l'aide d'un fouet.
• Poser la casserole sur feu très doux et incorporer petit à petit le beurre en petites parcelles.
• Quand les œufs commencent à prendre, ajouter le crabe bien égoutté, 2 traits de tabasco, saler et poivrer.
• Verser le martini, poursuivre la cuisson encore quelques secondes.

Accompagnement
1 bol chinois de riz par personne.

Bon à savoir
C'est un repas pour se changer du quotidien mais à ne pas répéter toutes les semaines !

Purée de pommes de terre

Pour 2 personnes

Préparation : 15 min
Cuisson : 20 min

INGRÉDIENTS

250 g de pommes de terre bintje
10 cl de lait
15 g de beurre ou 1 cuil. à soupe de crème fraîche
1 pincée de noix muscade râpée
Sel, poivre du moulin

• Éplucher les pommes de terre, les couper en quatre, les laver puis les mettre dans une grande casserole, les recouvrir d'eau froide, saler et faire cuire à feu moyen pendant 20 min.

• Quand les pommes de terre sont cuites, les égoutter, les écraser au moulin à légumes ou à la fourchette (ne surtout pas les mixer).

• Faire chauffer le lait et l'incorporer progressivement à la purée, ajouter 15 g de beurre ou 1 cuil. à soupe de crème fraîche et 1 pincée de noix muscade râpée, mélanger le tout. Servir bien chaud.

Purée de pommes de terre aux amandes

Pour 2 personnes

Préparation : 20 min
Cuisson : 30 min

INGRÉDIENTS

250 g de pommes de terre bintje
10 cl de lait
25 g de beurre + un peu pour le plat
50 g d'amandes effilées
30 g de poudre d'amandes
1 râpée de noix muscade
Sel

- Éplucher les pommes de terre, les couper en quatre, les laver puis les mettre dans une casserole, les recouvrir d'eau froide, saler et faire cuire à feu moyen pendant 20 min.
- Préchauffer le four à 200 °C (th. 6-7).
- Quand elles sont cuites, les égoutter, les écraser au moulin à légumes ou à la fourchette (ne surtout pas les mixer), délayer avec un peu de lait chaud et 15 g de beurre ou 1 cuil. à soupe bombée de crème fraîche.
- Incorporer 20 g de poudre d'amandes et la pointe d'un couteau de noix muscade que vous râperez vous-même, mélanger le tout.
- Répartir dans 2 petits plats individuels beurrés et saupoudrer avec la poudre d'amandes restante.
- Faire fondre 10 g de beurre dans une poêle, y faire sauter vivement les amandes effilées et les disposer sur le dessus des plats.
- Faire cuire au four 5 min, puis 3 min sous le gril. Les amandes doivent être bien dorées.
- Sortir du four et servir.

Bon à savoir

Cette purée se marie très bien avec le foie de veau et les viandes blanches.

Purée de céleri, pomme de terre et pomme fruit

Pour 4 personnes

Préparation : 20 min
Cuisson : 20 min

INGRÉDIENTS

1 petit céleri-rave
1 pomme de terre
1 pomme fruit
10 cl de lait
50 g de beurre
50 g de crème double

• Éplucher le céleri, la pomme de terre et la pomme fruit et les couper en gros dés. Cuire l'ensemble 20 min à l'eau bouillante.
• Ajouter le lait chaud.
• Si l'ensemble est trop liquide, faire dessécher quelques instants au four à 210 °C (th. 7). Ajouter le beurre et la crème puis mixer le tout, le plus finement possible.

Pommes de terre sautées à l'échalote

Pour 2 personnes

Préparation : 10 min
Cuisson : 30 min

INGRÉDIENTS

6 pommes de terre moyennes
1 échalote
2 cuil. à soupe d'huile d'olive
10 g de beurre

- Dans une casserole d'eau froide salée, mettre les pommes de terre avec la peau.
- Faire bouillir et maintenir l'ébullition pendant 20 min.
- Vérifier la cuisson des pommes de terre. Les éplucher et les couper en morceaux.
- Éplucher 1 échalote puis la hacher finement.
- Dans une poêle, verser 2 cuil. d'huile d'olive et ajouter le beurre.
- Quand ils sont chauds, faire revenir l'échalote et ajouter les pommes de terre pour les faire rissoler.
- Verser dans un plat et servir.

Bon à savoir

- *Utiliser de préférence des pommes de terre à chair ferme de type belles de Fontenay, BF 15, bintje ou roseval.*
- *C'est avec les viandes rouges grillées, poêlées ou rôties qu'on appréciera le plus ces pommes de terre.*

Pommes de terre à la sarladaise

Pour 2 personnes

Préparation : 5 min
Trempage : 1 h
Cuisson : 35 min

INGRÉDIENTS

6 petites pommes de terre
2 cuil. à soupe de graisse de canard
1 râpée de noix muscade (facultatif)
Sel, poivre du moulin

• Éplucher les pommes de terre, les couper en dés et les mettre à tremper 1 h dans l'eau froide, puis les égoutter et les sécher dans un torchon.
• Dans une poêle antiadhésive, faire chauffer la graisse de canard.
• Dès que celle-ci sst très liquéfiée, y mettre les dés de pommes de terre, saler, poivrer, saupoudrer de noix muscade. Laisser mijoter 35 min environ.
• Quand les pommes de terre sont dorées, vérifier qu'elles sont bien moelleuses et servir.

Bon à savoir
• *Pour ce genre de cuisson, il est préférable de choisir des pommes de terre à chair ferme type belles de Fontenay, BF 15, bintje ou roseval.*
• *Ces pommes de terre accompagneront aussi bien des viandes poêlées ou grillées que des volailles.*

Lentilles au naturel

Pour 2 personnes

Préparation : 10 min
Cuisson : 45 min

INGRÉDIENTS

100 g de lentilles vertes du Puy
1 litre d'eau
1/4 de litre de bouillon de bœuf
1 oignon piqué d'1 clou de girofle
1/2 feuille de laurier
1 branche de thym
15 g de beurre ou 1 cuil. à soupe de crème fraîche
Sel, poivre du moulin

- Laver les lentilles. Les mettre dans une casserole avec l'eau, le bouillon, le poivre, l'oignon et les aromates, couvrir la casserole. Porter doucement à ébullition environ 15 min.
- Lorsque l'ébullition est établie, la maintenir pendant 30 min en veillant à ce que la casserole reste couverte, sans oublier de saler au bout de 20 min.
- Égoutter les lentilles et y ajouter du beurre ou de la crème fraîche avant de servir.

Bon à savoir

Aussi bonnes chaudes que froides, les lentilles peuvent accompagner des plats chauds ou froids et se préparer en grosse quantité pour plusieurs repas de midi.

Riz pilaf

Pour 2 personnes

Préparation : 5 min
Cuisson : 20 min

INGRÉDIENTS

1 verre de riz sec (125 g)
1 verre et demi d'eau (30 cl)
1 cuil. à soupe et demie d'huile d'olive
1 échalote hachée
1 branche de thym
Sel, poivre du moulin

• Faire chauffer l'huile d'olive dans une sauteuse et y faire revenir l'échalote.

• Quand elle est transparente, ajouter le riz en le remuant jusqu'à ce qu'il devienne transparent, mais ne pas le laisser prendre couleur, ajouter alors l'eau bouillante et le thym, saler, poivrer.

• Couvrir et laisser bouillir très doucement sans remuer jusqu'à absorption de l'eau (environ 15 min).

Riz safrané

Pour 4 personnes

Préparation : 10 min
Cuisson : 20 min

INGRÉDIENTS

250 g de riz long (2 verres)
1 oignon
60 cl d'eau (4 verres)
1 cube de bouillon de volaille
2 cuil. à soupe d'huile
1 clou de girofle
1 pincée de noix muscade râpée
1 dose de safran
Sel, poivre du moulin

• Dissoudre le cube de bouillon de volaille dans 60 cl d'eau (2 verres) et le faire chauffer.
• Rincer le riz à l'eau froide jusqu'à ce que l'eau soit limpide, et le faire égoutter dans une passoire.
• Éplucher l'oignon, l'émincer en fines lamelles et le faire revenir à l'huile dans une sauteuse posée sur feu doux, sans lui faire prendre couleur.
• Ajouter le riz cru égoutté et le faire revenir jusqu'à ce qu'il soit translucide.
• Verser le bouillon chaud sur le riz et ajouter le clou de girofle, la noix muscade râpée et le safran. Saler, poivrer, mélanger quelques instants, couvrir la sauteuse et laisser cuire à feu doux environ 20 min.

Riz parfumé à la cardamome et aux raisins de Corinthe

Pour 4 à 6 personnes

Préparation : 5 min
Cuisson : 15 min

INGRÉDIENTS

250 g de riz parfumé
6 graines de cardamome
3 clous de girofle
40 g de raisins de Corinthe
Sel

- Verser 60 cl d'eau dans une grande casserole.
- Saler et porter à ébullition.
- Y jeter le riz avec les épices et les raisins.
- Baisser à feu moyen et laisser cuire jusqu'à absorption du liquide (environ 15 min).

Bon à savoir

- *Ce riz parfumé accompagnera parfaitement les viandes de mouton.*
- *On pourra y incorporer pour le plaisir un peu de courgettes à l'orientale (voir p. 270).*

Tagliatelles au basilic

Pour 2 personnes

Préparation : 5 min
Cuisson : 10 min environ

INGRÉDIENTS

120 g de tagliatelles
1 cuil. à soupe d'huile d'olive
2 cuil. à soupe de crème fraîche
1 botte de basilic

- Faire cuire les tagliatelles dans une grande casserole d'eau bouillante salée additionnée d'huile d'olive, pendant le temps indiqué sur le paquet (les temps varient suivant les marques).
- Quand elles sont cuites, les égoutter, ajouter la crème fraîche, les feuilles de basilic grossièrement hachées aux ciseaux, poivrer.
- Servir dans un plat chaud.

Bon à savoir

Vous pouvez plonger des petits bouquets de brocolis dans la casserole des pâtes 2 min avant la fin de la cuisson.

Polenta

Pour 2 personnes

Préparation : 20 min
Cuisson : 10 à 15 min

INGRÉDIENTS

100 g de semoule de maïs
20 cl d'eau
2 pincées de sel

• Verser l'eau dans une grande casserole et ajouter le beurre et le sel. Porter à ébullition sur feu doux.
• Verser la semoule en pluie dans la casserole en remuant avec une cuillère en bois. Faire cuire à feu doux sans cesser de remuer, jusqu'à ce que le mélange forme une masse compacte se détachant des parois de la casserole.
• Retirer la casserole du feu et renverser la polenta sur un plat ou une planche en bois. Bien l'étaler sur 3 à 4 cm d'épaisseur. La découper en tranches et la servir aussitôt.

Le goûter

La clé de voûte de votre journée

Le goûter doit compléter l'apport en énergie quotidienne dont a besoin notre organisme. Il est incontournable. C'est le point d'orgue de la journée. Relaxant, défatigant, c'est l'instant détente et remise en forme.

Menu du goûter

Gras végétaux
- 30 g de chocolat noir
- ou 1/2 petit bol chinois d'olives
- ou 1/2 petit bol chinois de graines (noix, noisettes, cacahuètes, noix de pécan, pistaches...)
- ou 1 avocat au sucre ou à la vinaigrette
- ou 1 grosse cuillerée à soupe de beurre de cacahuète.

Fruits et dérivés sucrés
- 1 petit bol chinois de fruits frais
- ou 1/2 petit bol chinois de fruits secs
- ou 2 pommes cuites avec confiture, miel, sucre ou sirop d'érable
- ou 2 grands verres de jus de fruits naturel
- ou 1/2 petit bol chinois de confiture et 1/2 petit bol chinois de compote
- ou 1/2 petit bol chinois de crème de marron
- ou 2 ou 3 boules de sorbet aux fruits.

Le moment du goûter ? Au moins **4 heures après le déjeuner.** Si celui-ci a été tardif ou trop lourd, retardez l'heure du goûter, quitte à le substituer au dîner.
Ce repas ne doit pas être considéré comme le dessert du repas de midi. Ce n'est pas non plus un en-cas, mais une étape nutritionnelle tout aussi importante que les repas du matin et du midi. Même si elle ne comporte pas autant de calories.

■ *La composition idéale du goûter*

Pour qu'un goûter atteigne son double but – apaiser et défatiguer –, on va y associer :
- les gras végétaux, apaisants et dont le pouvoir coupe-faim est bien connu ;
- les fruits et leurs dérivés sucrés, dont l'action tonique et défatigante va nous permettre de terminer la journée sans qu'un manque d'efficacité en gâche les dernières heures d'activité.

Les gras végétaux sont d'utiles coupe-faim pour prévenir un excès d'appétit le soir. Car c'est en effet le soir que l'organisme compensera les déficits nutritionnels de la journée. Si vous n'avez pas mangé avant et pendant les efforts de la journée, mais après, ne vous étonnez pas de grossir au lieu de maigrir.
Le gras végétal doit être accompagné de fruits et de leurs dérivés sucrés. Manger les fruits sans le chocolat ne calmera pas suffisamment cet appétit. Manger le chocolat avant d'avoir faim ne servira à rien et ne protègera pas du retour de l'appétit.

Mais on peut tout à fait manger le gras végétal seul au goûter et se contenter des fruits pour le repas du soir, si on n'a pas réellement faim. Par contre, pas d'interférence entre les fruits et les aliments du dîner, c'est risqué... pour votre ligne. Sauf, si vous êtes maigre comme un clou !
Vous pouvez manger tous les fruits, selon la saison. Excepté la banane, réservée à l'effort, donc à ne prendre qu'avant un cours de gymnastique ou une séance de piscine par exemple.
Fruits frais, fruits secs, cuits au four nappés de confiture, de miel, de sirop d'érable, compotes, sorbets d'été, cocktails de jus de fruits...

Et pourquoi pas quelques friandises, c'est le moment

L'heure des confiseries

Exceptionnellement, c'est à ce moment de la journée que l'on pourra s'offrir quelques petites douceurs sans grands dégâts.
Dans ce cas, on remplacera la part de fruits par :
– 6 calissons d'Aix
– ou 3 marrons glacés
– ou 4 loukoums

Suivez les saisons, mais laissez-vous aussi guider par vos goûts.

Pour faciliter votre transit intestinal
Si vous optez pour un dîner sans poisson ni légume, vous pourrez consommer du poisson en entrée au déjeuner du lendemain, mais il faudra aussi faire attention à apporter suffisamment de fibres à votre corps. Pour cela, vous choisirez au petit déjeuner du pain au son ou pain complet et à l'heure du goûter, en plus de vos parts de gras végétaux et de fruits, vous boirez un cocktail de jus de fruits frais.

Cocktail de fruits frais

Pour 1 personne
10 cl de jus d'ananas
10 cl de jus de pamplemousse
10 cl de jus d'orange
1 jus de citron

Ne vous privez pas de ce bon moment qu'est le goûter !
Surtout ne sautez pas le goûter, et n'allez pas me raconter que vous n'avez pas eu le temps de le prendre puisqu'à partir de 16 heures il n'est assujetti à aucune limite de temps !
C'est le goûter qui vous permettra de ne pas être affamé le soir et de dîner légèrement ou même de ne pas dîner si vous n'avez plus faim après un goûter pris tardivement.

À l'inverse de toutes les idées reçues, le **goûter est aussi obligatoire que le dîner est facultatif.**
Souvenez-vous que ce dîner n'est en effet destiné qu'à calmer une possible faim que le goûter n'aura que temporairement satisfaite parce qu'on l'aura pris trop tôt, ou incomplètement, ou pas du tout !

Rien n'empêche en fait de manger le gras végétal au goûter et de faire dans la soirée un repas de fruits à volonté. C'est là une façon de se nourrir particulièrement indiquée pour les étudiants travaillant tard le soir.

Salade de fruits exotiques

Pour 2 personnes

Préparation : 20 min

INGRÉDIENTS

2 cerises confites
1 mangue
2 kiwis
4 litchis
2 tranches d'ananas frais ou en boîte
1 carambole
2 feuilles de menthe
20 cl de sirop de sucre de canne

- Éplucher les fruits.
- Couper la mangue et l'ananas en dés, la carambole et les kiwis en tranches mais laisser les litchis entiers.
- Mettre les fruits dans 2 bols chinois, ajouter dans chacun 10 cl de sirop de sucre de canne.
- Décorer chaque bol avec 1 feuille de menthe et 1 cerise confite.

Bon à savoir

N'oubliez pas d'ajouter à ce goûter 30 g de chocolat noir. Vous pouvez très bien le croquer en tablette ou le faire fondre, au micro-ondes par exemple, et en napper la salade de fruits.

Mousse de poires à l'angélique

Pour 2 personnes

Préparation : 15 min

INGRÉDIENTS

2 poires mûres
2 cuil. à soupe de gelée de groseille
2 cerises confites
4 morceaux d'angélique confite
2 cuil. à café de sucre vanillé
1/2 citron (jus)

• Presser 1/2 citron pour en extraire le jus.
• Peler les poires, ôter les cœurs et les queues.
• Les mixer avec le jus de citron et le sucre vanillé.
• Disposer cette mousse dans 2 coupes.
• Poser sur le dessus de chaque coupe 1 cuil. de gelée de groseille.
• Décorer avec 1 cerise et 2 morceaux d'angélique (ou 2 feuilles de menthe).
• Laisser au moins 1 h au réfrigérateur avant de servir.

Bon à savoir

• *On pourra l'accompagner de thé aux fruits rouges.*
• *N'oubliez pas de prendre vos 30 g de chocolat noir avec ce goûter.*

Poires au gingembre et aux noix

Pour 2 personnes

Préparation : 20 min
Cuisson : 10 à 15 min

INGRÉDIENTS

- **2 grosses poires**
- **4 tranches de gingembre frais**
- **1/2 cuil. à café de gingembre râpé**
- **40 cerneaux de noix concassés**
- **1 cuil. à café de jus de citron**
- **2 cuil. à café de chocolat râpé**
- **30 cl d'eau**
- **1 gousse de vanille**
- **3 cuil. à soupe de sucre**

• Dans une casserole, verser l'eau, ajouter les tranches de gingembre, le sucre, la gousse de vanille ouverte dans le sens de la longueur et le jus de citron.

• Porter à ébullition et baisser le feu.

• Pendant ce temps, éplucher les poires, les couper en deux dans le sens de la longueur et ôter le cœur en gardant la queue.

• Poser les poires dans le sirop et maintenir le frémissement pendant environ 8 min suivant le degré de maturation des fruits. On saura qu'elles sont cuites quand une aiguille à tricoter pourra les percer sans résistance.

• Laisser refroidir dans le sirop.

• Disposer les poires dans 2 petites assiettes, napper de sirop et décorer avec le chocolat, les noix et quelques pincées de gingembre râpé.

Bon à savoir

• *Un thé de Chine sera particulièrement indiqué pour accompagner ce goûter subtil.*

• *On prendra sans faute 30 g de chocolat noir, sous la forme la plus riche possible en cacao.*

Figues à la cannelle

Pour 2 personnes

Préparation : 10 min
Cuisson : 45 min

Ingrédients

6 figues fraîches
1 orange (zeste)
60 cl d'eau
1 bâton de cannelle
250 g de sucre

• Dans une casserole, mettre l'eau, le sucre, le zeste d'orange et le bâton de cannelle.
• Porter à ébullition sur feu vif et laisser bouillir 15 min sans couvrir la casserole.
• Pendant ce temps, laver les figues, couper leurs queues et faire une incision en croix.
• Au bout de 15 min, les immerger dans le sirop, qu'on maintiendra frémissant 30 min à feu doux, puis laisser refroidir.

Bon à savoir

• *On peut accompagner ces figues avec de la confiture de mirabelles : 1 cuil. à café dans chaque figue ouverte en deux.*
• *N'oubliez pas de prendre, en accompagnement de ce goûter, 30 g de chocolat noir.*

Fraises à l'orange et aux épices

Pour 1 personne

Préparation : 10 min

INGRÉDIENTS

- **50 g de fraises**
- **1 cuil. à soupe de sucre en poudre**
- **1/2 orange (jus) ou 3 cuil. à soupe de jus d'orange tout prêt**
- **1 pincée d'épices aux 5 parfums**
- **4 feuilles de menthe**

• Laver les fraises puis les équeuter pour éviter que l'eau n'entre à l'intérieur.
• Couper en quartiers les plus grosses.
• Arroser les fraises avec le jus d'orange.
• Saupoudrer avec 1 pincée d'épices aux 5 parfums.
• Poudrer de sucre.
• Décorer avec les feuilles de menthe.

Bon à savoir

• *N'oubliez pas de prendre, en accompagnement de ce goûter, 30 g de chocolat noir.*
• *Ce goûter sera encore meilleur avec un thé à la menthe chaud ou glacé, à vous de voir en fonction du temps qu'il fait !*

Melon à la cannelle et à l'anis étoilé

Pour 2 personnes

Préparation : 15 min
Cuisson : 10 min

INGRÉDIENTS

2 petits melons parfumés
40 g de sucre
2 bâtons de cannelle
2 étoiles de badiane (anis étoilé)
4 extrémités de brins de menthe

• Couper les melons en deux puis ôter les pépins.
• Prélever la chair du premier melon et la passer au mixeur.
• Verser cette purée dans une casserole, ajouter la badiane, la cannelle et le sucre.
• Laisser frémir pendant 10 min.
• Laisser refroidir et pendant ce temps faire des petites boules avec la chair du second melon, en utilisant une cuillère dite « parisienne ».
• Verser la purée refroidie dans les moitiés de melon, ajouter les boules de melon et décorer avec les épices et les petits bouquets de menthe.
• Servir très frais.

Bon à savoir

• *N'oubliez pas de prendre, en complément, 30 g de chocolat noir.*
• *Un thé fumé rehaussera le goût du melon.*

Pommes cuites à l'orange et à la cannelle

Pour 4 personnes

Préparation : 10 min
Cuisson : 10 à 15 min

INGRÉDIENTS

1 kg de pommes golden
1 orange (jus)
1 citron (zeste)
10 cl d'eau
1 pointe de noix muscade
1/4 de cuil. à café de cannelle
200 g de sucre

- Éplucher les pommes, les couper en gros morceaux.
- Les mettre dans une casserole avec le jus de l'orange, le zeste de citron, l'eau, le sucre, la cannelle et la noix muscade.
- Laisser cuire à couvert à feu moyen jusqu'à ce que les pommes soient devenues transparentes et commencent à se caraméliser légèrement.
- Servir chaud ou glacé.

Bon à savoir

- *Ce goûter se sert glacé quand il fait chaud et chaud quand il fait froid.*
- *N'oubliez pas vos 30 g de chocolat noir : vous pouvez le faire fondre et en napper les pommes.*
- *On préférera, pour accompagner ce goûter, en été un thé glacé et en hiver un café africain ou un thé de Ceylan.*

Mirabelles à la cassonade

Pour 1 saladier

Préparation : 10 min
Cuisson : 1 h

INGRÉDIENTS

1 kg de mirabelles
400 g de cassonade

- Laver les fruits, les piquer avec une fourchette.
- Préchauffer le four à 150 °C (th. 5).
- Dans un plat à gratin, mettre les mirabelles en couches alternées avec la cassonade.
- Recouvrir d'une feuille d'aluminium.
- Mettre au four pendant 1 h environ. À la fin de la cuisson, le sucre doit être complètement fondu.

Bon à savoir

- *Ces mirabelles peuvent se consommer chaudes à raison d'1 petit bol chinois par personne.*
- *Le reste se conserve environ 15 jours au réfrigérateur dans un bocal fermé et peut se consommer froid.*
- *N'oubliez pas de prendre, en complément de ce goûter, 30 g de chocolat noir.*

Confit de pommes

Pour 1 saladier

Préparation : 10 min
Cuisson : environ 30 min

INGRÉDIENTS

- **1 kg de pommes (bailleul de préférence)**
- **700 g de sucre**
- **1 orange (jus)**
- **1 citron (jus)**
- **1 bâton de vanille**

- Éplucher les pommes, les couper en quartiers.
- Dans une grande casserole en acier inoxydable, verser les jus d'agrumes, ajouter les pommes, puis le sucre.
- Faire cuire à feu vif.
- Quand les pommes rendent leur jus et que le sucre est fondu (au bout d'environ 7 à 8 min), poser dessus le bâton de vanille fendu dans le sens de la longueur.
- Laisser cuire 20 à 25 min à feu moyen.
- Lorsque les quartiers sont devenus transparents, verser dans un saladier et laisser refroidir.
- Servir dans des petits bols chinois en ajoutant 1 cuil. à soupe de gelée de groseille.

Bon à savoir

- *Vous pouvez congeler le reste de compote par portions (1/2 bol chinois).*
- *N'oubliez pas de prendre, en complément de ce goûter, 30 g de chocolat noir.*

Compote de rhubarbe

Pour 1 saladier

Préparation : 15 min
Macération : 6 h
Cuisson : 15 min

INGRÉDIENTS

1 kg de rhubarbe
2 oranges (zestes)
1 orange (jus)
750 g de sucre en poudre

• Éplucher la rhubarbe et la couper en tronçons de 2 cm.
• Dans un grand plat, placer les tronçons de rhubarbe et ajouter le sucre, le jus et les zestes d'orange.
• Faire macérer au minimum 6 h, puis mettre dans une casserole et porter à ébullition pendant 15 min.
• Mettre en pots.

Bon à savoir
• *Cette recette se conserve 15 jours au réfrigérateur.*
• *Cette compote est donc faite pour être consommée rapidement, à raison d'1/2 bol chinois par personne. Accompagnez-la de 30 g de chocolat noir parfumé et d'1 verre de jus d'orange qui adoucira le goût acidulé de la compote et complétera la ration de fruits du goûter.*

Cassolette de poire au chocolat

Pour 1 personne

Préparation : 5 min
Cuisson : 2 à 4 min

INGRÉDIENTS

30 g de chocolat noir râpé
1 poire épluchée
1 cuil. à soupe de sucre en poudre
1 pincée de cannelle

- Couper la poire en lamelles et la disposer dans un petit plat.
- Saupoudrer avec le sucre en poudre.
- Ajouter la cannelle.
- Recouvrir de chocolat noir râpé.
- Passer 2 à 4 min au four micro-ondes position maximum.

Bon à savoir

Ce goûter se déguste chaud et s'accompagnera d'1 grand verre de jus de fruits pour compléter la quantité de fructose et de fibres souhaitable.

Poires au sirop nappées de chocolat

Pour 1 personne

Préparation : 5 min
Cuisson : 1 min

INGRÉDIENTS

- **4 demi-poires au sirop**
- **30 g de chocolat à pâtisserie**
- **10 g de chocolat noir 70 % de cacao**
- **1 petite cuil. à café de vergeoise**
- **1 cuil. à soupe d'amandes effilées**

• Dans un grand bol allant au micro-ondes, mettre le chocolat coupé en morceaux avec la vergeoise et 2 cuil. à soupe de sirop de poires, 1 min à puissance moyenne.
• À l'aide d'une fourchette, remuer ensuite le mélange et le verser sur les poires dans un petit bol ou une assiette.
• Parsemer d'amandes effilées et déguster le tout encore tiède.

Bon à savoir
Ce goûter très sucré ne supportera qu'une boisson sans sucre.

Pêches au sirop nappées de chocolat à l'orange

Pour 1 personne

Préparation : 5 min
Cuisson : 2 à 5 min

INGRÉDIENTS

30 g de chocolat noir
2 demi-pêches au sirop
1 cuil. à soupe de leur sirop
1 orange (zeste)

- Dans un petit bol chinois, mettre les 2 demi-pêches et leur sirop.
- Dans une casserole ou au four à micro-ondes, faire fondre le chocolat noir dans 1 cuil. à café d'eau et y ajouter le zeste râpé d'1 orange
- Mélanger pour obtenir une crème homogène et verser sur les pêches.

Bon à savoir

Ce goûter, très doux et très sucré, sera parfait accompagné d'un thé fumé.

Melon au chocolat et à la menthe

Pour 1 personne

Préparation : 10 min

Ingrédients

1/2 petit melon bien mûr
30 g de chocolat noir à 70 % de cacao
1 cuil. à soupe de sucre en poudre
2 feuilles de menthe

- Remplir largement 1 petit bol chinois de 25 cl avec des petites boules de melon faites avec une cuillère dite « parisienne ».
- Râper le chocolat sur le melon et saupoudrer avec le sucre en poudre.
- Poser les 2 feuilles de menthe.
- On accompagnera avec 1 grand verre de jus d'orange.

Crème de marron au chocolat

Pour 1 personne

Préparation : 2 min
Cuisson : 2 min

INGRÉDIENTS

30 g de chocolat râpé
1/2 bol chinois de crème de marron

• Verser la crème de marron dans un ramequin allant au four à micro-ondes. Parsemer dessus le chocolat râpé.

• Passer le tout 2 min au four à micro-ondes en position maximum.

Bon à savoir

• *C'est un goûter particulièrement calorique, qui s'adresse de préférence aux actifs et aux sportifs. Attention à ne pas en abuser !*

• *Son goût se mariera très bien avec celui d'un bon café africain.*

Méli-mélo de fruits secs au miel et au chocolat

Pour 1 personne

Préparation : 5 min

INGRÉDIENTS

- **1/2 petit bol chinois de fruits secs variés**
- **1 cuil. à soupe de miel**
- **30 g de chocolat noir râpé**

Dans le ramequin, mettre les fruits secs et le miel puis saupoudrer avec les 30 g de chocolat noir râpé.

Bon à savoir

• Ce goûter gourmand peut se manger froid ou chaud, passé 2 min au four à micro-ondes en position maximum.

• Pour cette recette, vous pouvez utiliser des fruits secs comme des abricots, dattes, pruneaux, raisins, papaye, ananas, etc., mais surtout pas des amandes, noisettes, noix, pistaches... qui sont des oléagineux (gras végétaux) et remplaceront le chocolat, à raison d'1/2 bol chinois.

Noix caramélisées

Pour 2 personnes

Préparation : 10 min
Cuisson :
la veille : 10 min
le jour même : 2 min

INGRÉDIENTS

200 g de noix épluchées
100 g de sucre en poudre
2 cuil. à soupe de graines de sésame
1/2 litre d'huile d'arachide

La veille

- Faire cuire les noix 10 min dans une casserole d'eau bouillante, les sortir et les égoutter dans une passoire puis les sécher et les étaler sur une plaque à pâtisserie.
- Les saupoudrer et les rouler dans le sucre en poudre.
- Laisser sécher au moins 2 h ou jusqu'au lendemain, au frais et au sec.

Le jour même

- Faire chauffer l'huile à feu modéré dans une friteuse, y mettre ensuite les noix par petites quantités. Les faire frire environ 2 min pour que le sucre fonde et qu'elles soient dorées.
- Les sortir avec une écumoire et les laisser sécher sur une plaque à pâtisserie. Les rouler dans les graines de sésame.

Bon à savoir

Ces noix, qui contiennent le gras nécessaire au goûter, se mangent en parts de 100 g, accompagnées d'1 grand verre de jus de fruits et d'1 orange.

Fruits déguisés

Pour 1 personne

Préparation : 10 min

INGRÉDIENTS

10 dattes

6 pruneaux

100 g de pâte d'amandes

Fourrer chaque fruit dénoyauté avec l'équivalent de 2 noyaux en pâte d'amandes.

Bon à savoir

On accompagnera avec 1 grand verre de jus de fruits et 20 g de chocolat très noir pour compenser le goût très sucré de la pâte d'amandes, dont la teneur en lipides ne suffit pas à jouer le rôle coupe-faim des gras végétaux du goûter.

Caramel fluide

Pour 1/2 litre

Cuisson : environ 10 min

INGRÉDIENTS

500 g de sucre
14 + 28 cl d'eau
1 cuil. à soupe de vinaigre d'alcool blanc

• Dans une grande casserole, mettre le sucre, le vinaigre et 14 cl d'eau sur un feu doux.

• Le sirop bouillonne et se colore peu à peu. Quand il devient roux et commence à fumer, verser doucement dessus 28 cl d'eau, en faisant attention aux projections.

• Prolonger l'ébullition pendant 1 min pour que le sucre fonde dans l'eau.

• Laisser refroidir et verser dans un récipient bien fermé, il pourra ainsi se conserver sans durcir 2 à 3 mois.

Sorbet au chocolat

Pour 1/2 litre

Cuisson : 10 min
Prise au froid : 3 à 4 h (sans sorbetière)

INGRÉDIENTS

1/2 litre d'eau
150 g de Confisuc
200 g de chocolat noir
50 g de cacao sucré

- Dans une casserole ou au micro-ondes, faire fondre le chocolat noir.
- Dans une casserole, porter à ébullition l'eau et le sucre à feu moyen.
- Remuer et quand le sucre est dissous, faire cuire exactement 5 min à partir de l'ébullition.
- Laisser refroidir jusqu'à ce que le sirop soit à température ambiante.
- Incorporer alors le cacao et le chocolat noir fondu.
- Verser le tout dans une sorbetière et faire prendre.

Bon à savoir

On consommera 2 boules de ce délicieux sorbet par goûter, de préférence avec 1 jus de fruits ou 1 pomme cuite.

Bananes, caramel et chocolat en sorbet

Pour 2 personnes

Préparation : 10 min
Cuisson : 3 à 4 min

INGRÉDIENTS

- **2 bananes**
- **1/4 de litre d'eau**
- **75 g de sucre**
- **1 bâton de vanille**
- **2 boules de sorbet au chocolat noir**
- **4 cuil. à soupe de caramel**

• Dans une casserole, mettre l'eau, le sucre et la vanille, porter à ébullition, y plonger les bananes épluchées et les faire pocher 3 à 4 min.
• Égoutter les bananes, les couper en tronçons et les disposer sur une assiette, arroser de caramel.
• Servir avec 2 boules de sorbet au chocolat noir.

Bon à savoir

• *On peut utiliser du caramel prêt à l'emploi et du sorbet acheté dans le commerce mais on peut également confectionner son caramel (voir p. 162) et son sorbet (voir p. 163) ce qui est moins onéreux et bien plus savoureux !*
• *Ce goûter, très nourrissant, fait le bonheur des enfants.*
• *Il sera prudent, pour les adultes, de le réserver pour les fins de journée très actives, par exemple avant d'aller faire du sport ou de longues courses.*

Sorbet au melon

Pour 1 litre de sorbet

Préparation : 10 min
Prise : 1 h 30 à 2 h

INGRÉDIENTS

3 melons mûrs et parfumés
1 citron (jus)
250 g de Confisuc

• Passer la chair des melons au mixeur avec le jus de citron et le Confisuc.
• Verser en sorbetière et tourner. Suivant les modèles de sorbetière, la durée de prise peut varier de 1 h 30 à 2 h à l'intérieur du freezer.

Bon à savoir

• *Si vous ne possédez pas de sorbetière, versez la préparation dans un saladier que vous placerez au congélateur en tournant le mélange avec un fouet toutes les 10 min jusqu'à la prise complète. Il faut compter 3 à 4 h.*
• *Il est préférable d'employer du Confisuc pour la fabrication des sorbets. En effet, la pectine contenue dans cette préparation limite la formation des cristaux.*
• *Comptez 3 à 4 boules de sorbet par personne.*
• *Votre goûter sera complet si vous n'oubliez pas vos 30 g de chocolat noir. Accompagnez-le également d'1 grand verre de jus de fruits.*

Sorbet aux fraises

Pour 1 litre de sorbet

Préparation : 15 min
Prise : 1 h 30 à 2 h

INGRÉDIENTS

1 kg de fraises mûres et parfumées
300 g de Confisuc
1 orange (jus)
1 citron (jus)
20 cl d'eau

- Dans une casserole, mettre les fraises lavées et équeutées, les jus d'orange et citron et le Confisuc.
- Faire chauffer 3 min.
- Passer au mixeur puis à la passoire.
- Verser en sorbetière, tourner. Suivant les modèles de sorbetière, la durée de prise peut varier de 1 h 30 à 2 h à l'intérieur du freezer.

Bon à savoir

- *Il faut compter 3 à 4 h de prise sans sorbetière.*
- *Vous pouvez prendre 3 à 4 boules de sorbet pour votre goûter, sans oublier vos 30 g de chocolat noir et 1 grand verre de jus de fruits !*

Sorbet à la tomate et au basilic

Pour 2 personnes

Préparation : 15 min
Prise : 1 h 30 à 2 h

INGRÉDIENTS

1,5 kg de tomates
12 feuilles de basilic
2 branches de cerfeuil
1 blanc d'œuf battu en neige
1/2 citron (jus)
2 cuil. à soupe de sucre en poudre
Sel, poivre du moulin

• Plonger les tomates dans une casserole d'eau bouillante environ 2 min pour pouvoir les peler facilement.

• Les couper en quatre, les presser pour éliminer l'eau. Les passer au mixeur avec le basilic, le sucre et le jus de citron, saler et poivrer.

• Quand l'ensemble est bien mixé, incorporer délicatement le blanc en neige et mettre dans une sorbetière que l'on placera au freezer ou au congélateur. Si l'on ne possède pas de sorbetière, on versera la préparation dans un moule en métal, dont on raclera les bords à intervalles réguliers pour éviter la formation de cristaux trop importants.

Bon à savoir

C'est la partie sucrée d'un goûter d'été. On doit la compléter avec 1 grand verre de jus de fruits et 30 g de chocolat noir, de préférence parfumé à la menthe ou à l'orange.

Le dîner

Après une journée bien construite, le repas « ornement »

C'est le moment privilégié pour se retrouver en famille, en couple, entre amis. Hélas ! Ce plaisir d'être ensemble, de partager le repas vous entraîne souvent dans des agapes dévastatrices pour votre équilibre nutritionnel. Le dîner, qui ne devrait être qu'un repas complémentaire, devient alors l'ennemi de vos formes. Plaisir de se réunir, oui ! Obligation de trop manger, non ! Restez donc raisonnable jusqu'au bout de la journée. Ce sera d'autant plus facile si vous avez bien mangé aux 3 repas qui précèdent. Raisonnable n'étant pas synonyme de « tristounet », vous verrez que l'on peut déguster des plats savoureux.

Menu du dîner

Poisson : à volonté
la moyenne raisonnable étant 100 g de plus que sa taille
soit pour une personne de 1,70 m : 170 + 100 = 270 g
ou
Viande maigre : 40 g en dessous de sa taille en cm
soit pour une personne de 1,70 m : 170 – 40 = 130 g

Légumes verts : 1 petit bol chinois

pas d'entrée
pas de pain
pas de salade (sauf si elle remplace le bol de légumes)
pas de fromage
pas de dessert

Le repas du soir sera léger mais abondant. À la mesure de votre faim. Il sera plus riche en protéines animales qu'en végétaux. Son composant principal sera, sans conteste, le poisson ou les fruits de mer, en quantité dépendante de votre envie.
Si vous avez choisi un menu viande, préférez la viande blanche, volaille, gibier. Les quantités seront inférieures à celles de midi.

Quelles sont les viandes maigres ?

Porc (jambon blanc, côtes de porc) ;
veau ;
volaille ;
lapin ;
gibier.

Attention cependant à certains pièges :
- le gibier d'élevage est gras et se mangera le midi ;
- certains morceaux de porc sont très gras, il faudra donc les éviter et se contenter le soir du jambon blanc et des côtes, qu'on cuira en les passant de préférence sous le gril.

Et, pour être tout à fait raisonnable, ne choisissez la viande que si votre appétit est limité. Réservez le poisson et les fruits de mer aux grosses faims puisque vous pouvez vous en rassasiez sans risque.

■ *Et si vous n'aimez pas le poisson*

Essayez tout de même les poissons à chair ferme, très proches de la viande. Ne lésinez pas sur les épices et les condiments. Et, si vraiment vous n'aimez pas, reportez-vous aux viandes maigres.

■ *Et pour vous donner du courage*

- la légèreté des protéines rend le poisson très digeste ;
- il s'élimine rapidement et ne donne ni fesses, ni taille, ni poitrine.

■ *Bienvenue aux légumes*

De préférence ceux qui ne sont pas susceptibles de faire de la farine. Crus, cuits, chauds, froids, grillés, en sauce, en vinaigrette, toutes les fantaisies vous sont permises.

■ *Le joker du dîner sucré*

Je l'ai dit : si vous avez goûté très tard, vous pouvez sauter le repas du soir.

Vous pouvez aussi décider de manger les gras végétaux (chocolat, graines, olives) au goûter et réserver les fruits au dîner.

Dîner de fruits

– 2 petits bols chinois de fruits frais
– ou 1/2 petit bol chinois de fruits secs
– ou 2 pommes cuites avec confiture, miel, sucre ou sirop d'érable
– ou 2 grands verres de jus de fruits naturel
– ou 1/2 petit bol chinois de confiture et 1/2 petit bol chinois de compote
– ou 1/2 petit bol chinois de crème de marron
– ou 2 ou 3 boules de sorbet aux fruits.

Le dîner de fruits se prendra au plus tard 1 h avant le coucher.

Si vous avez choisi de ne pas dîner le soir, vous pourrez panacher à part égale poisson et viande le midi qui suivra. Tous les poissons peuvent servir d'entrée à un déjeuner.

Accompagnement

Dans les recettes qui suivent, les accompagnements proposés ne sont que des suggestions. À vous d'innover, à condition de rester dans la gamme des légumes.

Bar au vin blanc

Pour 2 personnes

Préparation : 15 min
Cuisson : 20 min

INGRÉDIENTS

2 bars de 500 à 600 g au total
2 carottes
1 oignon
1 citron
20 cl de vin blanc sec (par exemple un sauvignon)
1 feuille de laurier
2 branches de thym citron
2 branches de persil
Sel, poivre du moulin

- Demander au poissonnier de vider les bars.
- Préchauffer le four à 200 °C (th. 6-7).
- Couper en rondelles les carottes, l'oignon et le citron et les déposer dans un plat allant au four.
- Saler et poivrer l'intérieur des bars et glisser 1/2 feuille de laurier et 1 branche de thym citron dans chacun d'eux.
- Arroser avec le vin blanc et mettre au four pendant 20 min en veillant au bout de 10 min à retourner les poissons et à les arroser généreusement avec la sauce.

Accompagnement

1/2 petit bol chinois de haricots verts

Filets de cabillaud au cidre

Pour 2 personnes

Préparation : 10 min
Cuisson : environ 20 min

INGRÉDIENTS

- **600 g de filets de cabillaud**
- **1 cuil. à soupe de crème fraîche**
- **1 branche de céleri**
- **1/2 poireau**
- **1 carotte**
- **1 oignon coupé en rondelles**
- **1/2 litre de cidre**
- **1 branche de thym**
- **1/2 feuille de laurier**
- **2 branches de persil**
- **Poivre concassé**
- **Sel de Guérande**

• Préchauffer le four à 160 °C (th. 5-6).

• Dans un plat allant au four, disposer les rondelles d'oignon avec le céleri, la carotte et 1/2 poireau coupés en tronçons d'1 cm.

• Poser les filets dessus, les parsemer de sel de Guérande et de poivre concassé.

• Ajouter le thym, le laurier, le persil et recouvrir de cidre.

• Mettre au four 20 min environ.

• Quand le poisson est cuit, le retirer du plat et le réserver au chaud.

• Faire réduire le jus de cuisson de moitié à feu vif puis le passer au chinois (passoire) et ajouter 1 cuil. à soupe de crème fraîche.

• Verser la sauce sur les filets de poisson et servir aussitôt.

Accompagnement

Les légumes du plat constituent une garniture suffisante.

Bon à savoir

S'il en reste, ce filet de poisson gras peut se manger en petite entrée d'un déjeuner où le plat de viande sera un peu juste.

Cabillaud au curry

Pour 2 personnes

Préparation : 10 min
Cuisson : 15 min

INGRÉDIENTS

- **600 g de cabillaud en morceaux**
- **1 oignon émincé en tranches fines**
- **1 gousse d'ail écrasée**
- **1 verre à vin de vin blanc sec**
- **1 cuil. à soupe d'huile d'olive**
- **1 cuil. à soupe de farine**
- **1 cuil. à café de curry Madras**
- **Sel, poivre du moulin**

• Dans une poêle, faire chauffer l'huile d'olive, y faire fondre l'oignon émincé.
• Fariner les morceaux de poisson puis les secouer pour ôter l'excès de farine, les poser dans la poêle quand l'oignon est devenu transparent.
• Saler, poivrer, ajouter le vin blanc et parsemer d'ail écrasé, saupoudrer de curry.
• Recouvrir et laisser cuire 15 min à feu moyen.
• Si on a un bon estomac, on peut y ajouter une pointe de poivre de Cayenne qui relèvera à merveille le goût.

Accompagnement
1 petit bol chinois d'épinards.

Filets de cabillaud au hachis de persil, échalote et ail

Pour 2 personnes

Préparation : 15 min
Cuisson : 20 min

INGRÉDIENTS

500 g de cabillaud en filets sans la peau
2 échalotes
1 gousse d'ail
1/2 citron (jus)
4 cuil. à soupe de vermouth (Noilly-Prat ou vin blanc sec)
1 cuil. à soupe d'huile d'olive
4 grosses cuil. à soupe de persil haché
Sel, poivre du moulin

- Préchauffer le four à 220 °C (th.7).
- Hacher les échalotes et la gousse d'ail et les mêler au hachis de persil.
- Dans un plat allant au four (plat à gratin), verser l'huile d'olive.
- Poser les filets de poisson, arroser avec le jus de citron et le vermouth.
- Recouvrir le poisson de hachis, saler, poivrer.
- Mettre au four pendant 20 min.
- Servir.

Accompagnement
4 tomates à la provençale (voir p. 278).

Dos de cabillaud sur lit de champignons

Pour 2 personnes

Préparation : 10 min
Cuisson : 20 min

INGRÉDIENTS

500 g de dos de cabillaud
250 g de champignons de Paris
15 g de beurre
1 échalote hachée
1 pointe d'ail
Sel, poivre du moulin

• Nettoyer les champignons de Paris et les couper en lamelles.
• Faire fondre le beurre à feu vif dans une grande sauteuse.
• Dès que le beurre est liquide, encore doré et commence à grésiller, y faire revenir l'échalote hachée.
• Quand elle est transparente, jeter les champignons à feu vif et ajouter la pointe d'ail. Poser les dos de cabillaud dessus, saler, poivrer.
• Couvrir et laisser cuire à feu moyen 15 min.
• Découvrir et, à feu vif, faire évaporer une partie de l'eau rendue par les champignons.

Accompagnement
Les légumes du plat constituent la garniture.

Dos de cabillaud sauce bordelaise à la purée de carottes

Pour 2 personnes

Préparation : 15 min
Cuisson : 10 min

INGRÉDIENTS

500 à 600 g de dos de cabillaud
12 petites carottes
1 échalote hachée
2 cuil. à soupe d'huile d'olive
1 pincée de sucre en poudre
1 cuil. à soupe de paprika
Sel, poivre du moulin

Sauce bordelaise
10 cl de vin rouge
30 g de beurre
1 échalote hachée

MATÉRIEL

Éventuellement un saucier électrique

• Éplucher les carottes et les couper en tronçons. Les faire cuire 30 min à l'eau bouillante salée.
• Si on possède un saucier électrique, le régler sur la température maximum, verser le vin et ajouter 1 échalote hachée.
• Laisser cuire jusqu'à disparition du liquide. Laisser ensuite refroidir le saucier.
• Si on ne possède pas de saucier électrique, utiliser une casserole et faire réduire le vin et l'échalote en tournant bien à la cuillère. Laisser la casserole refroidir.
• Dans une poêle antiadhésive, faire chauffer l'huile d'olive, y ajouter la deuxième échalote hachée et lorsqu'elle commence à prendre couleur, déposer les morceaux de dos de cabillaud.
• Saler, poivrer et saupoudrer largement de paprika, laisser cuire 5 min puis les retourner.
• Dès que le poisson est parfaitement blanc, il est à point, l'entourer alors des carottes réduites en purée au moulin à légumes.
• Ajouter dans la casserole ou dans le saucier en position minimum le beurre en parcelles jusqu'à obtention d'une sauce onctueuse à laquelle on ajoutera 1 pincée de sucre, du sel et du poivre.
• Napper les poissons avec la sauce et servir aussitôt.

Accompagnement

La purée de carottes constitue une garniture suffisante pour un repas du soir.

Bon à savoir

Les carottes suffiront largement à accompagner le cabillaud. Si vous avez encore faim, reprenez du cabillaud, pas des légumes.

VARIANTE

Filets de grenadier à la bordelaise

Dans une poêle antiadhésive, faire revenir 500 à 600 g de filets de grenadier dans 1 cuil. à soupe d'huile d'olive et 1 échalote hachée, puis les napper de la sauce bordelaise.

Dîner

Calamars aux tomates, à l'anis vert et au safran

Pour 2 personnes

Préparation : 20 min
Cuisson : 55 min

INGRÉDIENTS

500 g de calamars
6 tomates
1 gros oignon (ou 2)
1 gousse d'ail débarrassée de son germe
4 cuil. à soupe d'huile d'olive
1 cuil. à café de graines de fenouil
1/2 cuil. à café de graines d'anis vert
1 bouquet garni de persil, thym, laurier
1 dose de safran
2 pointes de couteau de poivre de Cayenne
Sel, poivre du moulin

• Dans une sauteuse antiadhésive, faire chauffer 2 cuil. à soupe d'huile d'olive, y jeter les calamars entiers s'ils sont petits, ou coupés en morceaux s'ils sont gros.
• Parsemer de fenouil, laisser cuire à feu moyen jusqu'à évaporation de l'eau rendue par les calamars et les réserver sur une assiette.
• Remettre dans la sauteuse les 2 cuil. à soupe d'huile d'olive restantes, y faire fondre l'oignon haché menu, ajouter la gousse d'ail écrasée.
• Quand l'oignon est transparent, ajouter les tomates pelées et coupées en petits morceaux.
• Ajouter le bouquet garni, l'anis vert et le poivre de Cayenne. Laisser cuire environ 10 min.
• Remettre les calamars dans la sauteuse, ajouter le safran, saler et poivrer.
• Couvrir et laisser mijoter 40 min à feu moyen.

Accompagnement

Les tomates du plat constituent la garniture.

Bon à savoir

Un petit reste de ce plat agrémentera la part de riz qui doit accompagner la viande d'un déjeuner, à condition qu'il s'agisse de viande blanche.

Filets de colin aux brocolis

Pour 2 personnes

Préparation : 20 min
Cuisson : 20 min

Ingrédients

500 à 600 g de filets de colin
300 à 400 g de brocolis
2 tomates
1 citron coupé en rondelles
1 échalote
2 cuil. à soupe de vin blanc sec
2 cuil. à soupe d'huile d'olive
2 branches de thym
2 branches de thym citron
1 branche de romarin
1 branche de sarriette
1 cuil. à café de paprika
1/2 cuil. à café de sucre en poudre
Sel, poivre du moulin

- Plonger les tomates 15 s dans l'eau bouillante, les peler et les couper en dés.
- Dans une sauteuse antiadhésive, faire chauffer l'huile d'olive à feu modéré.
- Y faire fondre l'échalote hachée, ajouter les dés de tomates, les rondelles de citron et les herbes (thym, romarin, sarriette), saupoudrer les tomates de sucre en poudre.
- Saler, poivrer, arroser avec le vin blanc, couvrir et laisser mijoter à feu doux pendant 10 min.
- Pendant ce temps, faire bouillir une casserole d'eau salée, y jeter les bouquets de brocolis et laisser cuire à petit bouillon durant 5 min.
- Déposer dans la poêle les filets de poisson, les saupoudrer de paprika, les saler légèrement et les entourer avec les bouquets de brocolis égouttés.
- Laisser cuire jusqu'à ce que le poisson devienne blanc et servir aussitôt.

Accompagnement
Les brocolis constituent une garniture suffisante pour un repas du soir.

Filets de colin à la compotée de tomates et de poivrons

Pour 2 personnes

Préparation : 15 min
Cuisson : 30 min

INGRÉDIENTS

500 à 600 g de colin en filets
1 oignon émincé
1 poivron
2 tomates
8 olives noires
2 cuil. à soupe d'huile d'olive
1 cuil. à café d'herbes de Provence
1 cuil à café d'origan
1/2 cuil. à café de sucre en poudre
2 pincées de poivre de Cayenne
Sel, poivre du moulin

- Plonger les tomates 15 s dans l'eau bouillante, les peler et les couper en dés.
- Éplucher le poivron et le couper en dés.
- Dans une sauteuse antiadhésive à fond épais, faire chauffer l'huile d 'olive et y faire fondre l'oignon émincé.
- Quand l'oignon est transparent, ajouter les dés de tomates et les olives. Saler, poivrer, ajouter le poivre de Cayenne et le sucre en poudre.
- Couvrir et laisser mijoter 15 min à feu doux puis déposer le poivron sur la compote qui s'est formée, la saler et la parsemer d'origan et d'herbes de Provence.
- Mettre le poisson par-dessus, couvrir à nouveau et laisser cuire à feu moyen environ 10 min suivant l'épaisseur des filets.
- Servir dans des assiettes chaudes.

Accompagnement
Les légumes du plat constituent la garniture.

Bon à savoir
Vous pouvez servir ce plat au déjeuner, à condition de l'accompagner d'1 bol chinois de riz et d'1 cuil. à soupe de compotée de tomates et de poivrons.

Soufflé au crabe

Pour 4 personnes

Préparation : 20 min
Cuisson : 20 min

INGRÉDIENTS

200 g de chair de crabe
1 poivron rouge
4 œufs
30 g de beurre
1 cuil. à soupe de vermouth
1 pointe de poivre de Cayenne
1 pointe de sel

Pour la béchamel (1/2 litre)
1/2 litre de lait
50 g de beurre
25 g de farine
1 pincée de noix muscade
3 tours de moulin à poivre
1/2 cuil. à café de sel

• Préparer la béchamel : dans une casserole, faire fondre le beurre avec la farine en mélangeant bien à la cuillère de bois pour obtenir une consistance onctueuse.
• Verser le lait d'un seul coup, ajouter sel, poivre et noix muscade.
• Porter à ébullition sans arrêter de tourner.
• Préchauffer le four à 180 °C (th. 6).
• Éplucher le poivron rouge, enlever les pépins, le couper en dés.
• Faire revenir les dés dans 15 g de beurre 5 min à feu doux, puis les passer au mixeur.
• Émietter la chair de crabe.
• Casser les œufs, réserver les blancs dans un saladier et, hors du feu, incorporer les jaunes rapidement dans la béchamel chaude mais pas bouillante (sinon les œufs coaguleraient en masse).
• Ajouter les dés de poivron, le crabe émietté, le vermouth, 1 pointe de poivre de Cayenne.
• Monter les blancs en neige très ferme avec 1 pointe de sel.
• Verser sur le mélange tiède en soulevant délicatement les blancs pour les mélanger à la préparation. Verser dans un moule beurré.
• Creuser légèrement le milieu du soufflé pour qu'il lève régulièrement.
• Mettre au four et laisser cuire 20 min.
• Servir immédiatement car si le soufflé attend, il retombe !

Accompagnement

1 petit bol chinois de champignons à l'échalote (voir p. 274).

Filets de dorade au citron

Pour 2 personnes

Préparation : 10 min
Cuisson : 15 min

INGRÉDIENTS

- **650 g de filets de dorade**
- **2 citrons**
- **20 cl de vin blanc**
- **3 gousses d'ail entières épluchées**
- **2 cuil. à soupe de farine**
- **1 cuil. à soupe d'huile d'olive**
- **2 doses de safran**
- **1 branche de thym**
- **1/2 feuille de laurier**

• Dans une poêle antiadhésive à fond épais, mettre le vin blanc, les citrons coupés en rondelles, les gousses d'ail, le thym et le laurier.
• Laisser frémir 5 min, ajouter 30 cl d'eau chaude, les 2 doses de safran et maintenir frémissant à feu très doux.
• Pendant ce temps, fariner les filets de dorade.
• Dans une poêle à feu vif, faire chauffer l'huile d'olive jusqu'à ce qu'elle devienne transparente. Y déposer les poissons et les faire rapidement dorer.
• Verser le bouillon sur les poissons, laisser frémir 5 min.

Accompagnement

Servir aussitôt avec des brocolis juste plongés 10 min dans de l'eau bouillante salée (1 petit bol chinois par personne).

Bon à savoir

La dorade pourra, à la rigueur, tenir lieu de déjeuner du midi, en veillant à l'accompagner d'1 bol chinois de riz pilaf (voir p. 134). On réservera par exemple ce plat au déjeuner d'une journée calme suivant un soir de fête et un lever tardif.

Églefin sauce gribiche à ma façon

Pour 2 personnes

Préparation : 15 min
Cuisson : 8 min

INGRÉDIENTS

600 g d'églefin

Pour la sauce gribiche
1 cuil. à soupe de jus de citron
1 œuf dur
6 cornichons
20 g de beurre
Sel, poivre du moulin

• Dans un vapo-cuiseur ou dans une passoire au-dessus d'un faitout d'eau bouillante, faire cuire l'églefin à la vapeur jusqu'à ce que la chair soit blanchie.

• Si l'on est pressé, on peut prendre des dos d'églefin surgelé et les plonger tout simplement, sans ouvrir leurs sachets, 8 min dans l'eau bouillante.

• Faire la sauce gribiche : passer l'œuf dur à la moulinette.

• Couper en quatre les cornichons dans la longueur, les recouper en morceaux de 2 mm d'épaisseur.

• Dans une petite casserole, faire chauffer le beurre, y incorporer le jus de citron, l'œuf et les cornichons en mélangeant bien.

• Servir bien chaud en nappage sur le poisson.

Accompagnement

1 petit bol chinois de purée de celeri (voir p. 267) par personne.

Bon à savoir

Cette sauce pourra aussi bien napper un plat de poisson (chaud ou froid) du soir qu'un plat de viande froide du midi.

Harengs marinés à la bière parfumés au vinaigre de miel à l'ail

Pour une terrine de taille moyenne

Préparation : 8 jours à l'avance, 15 min
Cuisson : 20 min

INGRÉDIENTS

15 petits harengs
2 carottes
3 piments oiseaux
1 oignon
2 citrons
75 cl de bière
4 cuil. à soupe de vinaigre de miel à l'ail
4 clous de girofle
6 graines d'anis
1 douzaine de grains de poivre
1 douzaine de grains de piment de Jamaïque
1 feuille de laurier
1 branche de thym
Sel, poivre du moulin

- Couper les carottes, les oignons et les citrons en rondelles.
- Dans la terrine, faire un lit de rondelles de carottes, oignons et citrons. Poser un lit de 5 harengs bien serrés, saler, poivrer, mettre 1/3 des épices (girofle, anis, grains de poivre, piments), le laurier et le thym.
- Répéter l'opération 2 fois et terminer par 1 couche d'oignons et de citrons.
- Dans une grande casserole, faire chauffer la bière avec le vinaigre en faisant très attention car la bière produit, en chauffant, une mousse très abondante.
- Afin qu'elle ne déborde pas de la casserole, écumer cette mousse et la verser sur la terrine. Dès que la bière est frémissante, la verser dans la terrine. Si vous possédez une terrine allant sur le feu, comptez 12 à 13 min dès l'ébullition. Sinon, placez la terrine au four au bain-marie pendant 20 min à 200 °C (th. 6-7).
- Laisser refroidir et placer au réfrigérateur.
- On pourra consommer les harengs au bout de 8 jours.

Bon à savoir

- *Si vous n'avez pas trouvé de vinaigre de miel à l'ail, délayez 1 gousse d'ail écrasée dans 4 cuil. à soupe de vinaigre de miel.*
- *Les harengs marinés peuvent se manger le midi, à part égale avec un plat de viande chaude ou froide (pour une personne de 1,70 m, on comptera 135 g de viande et 135 g de harengs environ).*
- *Les harengs marinés peuvent, à la rigueur, convenir comme plat unique du midi, à condition de les accompagner d'1 bol chinois de pommes de terre à la vinaigrette ou de riz pilaf* *(voir p. 134)*.
- *Le soir, par contre, ils se suffiront à eux-mêmes et n'auront pas besoin d'accompagnement.*

Filets de julienne aux fruits de mer et aux petits légumes

Pour 2 personnes

Préparation : 30 min
Cuisson : 20 min

Ingrédients

- **750 g de filets de julienne**
- **250 g de cocktail de fruits de mer surgelés**
- **125 g de julienne de légumes surgelés**
- **1 verre de vin blanc sec**
- **1 échalote**
- **1 cuil. à café de vinaigre de miel à l'ail**
- **2 cuil. à soupe d'huile d'olive**
- **40 g de beurre**
- **1 cuil. à café de paprika**
- **Sel, poivre du moulin**

Matériel

1 saucier électrique

• Préparer la sauce : dans le saucier, mettre l'échalote hachée, le vin blanc en réservant 2 cuil. à soupe dans un verre.

• Brancher le saucier sur la position maximum jusqu'à évaporation du vin, puis laisser complètement refroidir.

• Dans une poêle antiadhésive, faire chauffer l'huile d'olive et y faire cuire la julienne de légumes pendant 10 min.

• Enlever les légumes et les mettre en attente sur une assiette.

• Mettre dans la poêle les filets de poisson entourés du cocktail de fruits de mer, arroser avec le reste du vin blanc, saler, poivrer, saupoudrer de paprika et faire cuire à feu vif jusqu'à évaporation de l'eau.

• Remettre alors les légumes dans la poêle en les mélangeant avec les fruits de mer et dès que l'ensemble est chaud, le répartir dans 2 assiettes très chaudes.

• Remettre le saucier sur la position à feu très doux, y ajouter le beurre par petites parcelles, terminer par 1 cuil. à café de vinaigre et napper aussitôt le contenu des 2 assiettes.

Accompagnement

La julienne de légumes constitue la garniture

Bon à savoir

Si vous n'avez pas trouvé de vinaigre de miel à l'ail, délayez 1/4 de gousse d'ail écrasée dans 1 cuil. à soupe de vinaigre de miel.

Filets de julienne au curry et au lait de coco

Pour 2 personnes

Préparation : 15 min
Cuisson : 15 min

INGRÉDIENTS

500 g de julienne en filet
1 échalote hachée
1 cuil. à soupe d'huile d'olive
1 grosse cuil. à café de pâte de curry
4 cuil. à soupe de lait de coco
Sel, poivre du moulin

• Faire chauffer l'huile d'olive dans une poêle antiadhésive, y faire fondre l'échalote sans lui laisser prendre couleur, ajouter la pâte de curry, mélanger.
• Déposer les filets, saler, poivrer, faire cuire à feu moyen 8 min environ de chaque côté suivant l'épaisseur.
• Dès que le poisson est cuit, ajouter le lait de coco et mélanger rapidement.
• Servir immédiatement.

Accompagnement
1 petit bol chinois par personne d'épinards auxquels on ajoutera 1 pointe de noix muscade râpée.

Bon à savoir
Ce plat très fin est également très léger... Il n'est donc pas question de proposer cette recette pour un repas de midi, qui doit, avant tout, être bien nourrissant.

Papillotes de filets de julienne à l'aneth sur lit de poireaux

Pour 2 personnes

Préparation : 20 min
Cuisson : 30 min

Ingrédients

600 g de filets de julienne
4 petits poireaux
15 g de beurre
2 cuil. café de crème fraîche
2 cuil. à café d'aneth
Sel de Guérande, poivre du moulin

Matériel

2 rectangles de papier sulfurisé

- Émincer les poireaux : après avoir coupé les extrémités pour les débarrasser des parties sales ou abîmées, les tailler en fines lanières de 4 cm de long sur 3 mm de large avec la pointe d'un couteau.
- Faire fondre ensuite 15 g de beurre, y mettre les poireaux, saler légèrement, poivrer et parsemer d'aneth, ajouter 2 cuil. à soupe d'eau et laisser cuire 10 min à feu doux en remuant sans laisser prendre couleur.
- Préchauffer le four à 160 °C (th. 5-6).
- Préparer les papillotes : dans chaque rectangle de papier sulfurisé, déposer la fondue de poireaux, poser par-dessus les filets de julienne, puis saupoudrer d'aneth, de sel de Guérande et de poivre.
- Ajouter 1 cuil. à café de crème fraîche dans chaque papillote.
- Mettre au four pendant 20 min.

Accompagnement

Les poireaux constituent la garniture.

Lieu doré au champagne

Pour 2 personnes

Préparation : 10 min
Cuisson : 30 min

Ingrédients

2 petits lieus dorés
1 citron
3 cuil. à café de fumet de poisson déshydraté
40 cl d'eau chaude
1 petit verre de champagne ou de vin blanc
1 échalote
1 cuil. à soupe d'huile d'olive
1/2 feuille de laurier
2 branches de thym citron
Sel, poivre du moulin

• Demander au poissonnier de vider les poissons, de couper les têtes et les queues.
• Laver les lieus, puis les sécher avec un papier absorbant.
• Couper le citron en rondelles.
• Préchauffer le four à 200 °C (th. 6-7).
• À l'intérieur de chaque poisson, mettre 1/2 feuille de laurier, 1 branche de thym, 1 rondelle de citron, saler, poivrer.
• Dans un plat allant au four, faire chauffer l'huile d'olive, y faire fondre l'échalote hachée, poser les poissons dessus et les recouvrir des rondelles de citron restantes.
• Dissoudre les 3 cuil. à café de fumet dans les 40 cl d'eau chaude, ajouter le vin ou le champagne et verser le tout sur les poissons.
• Enfourner le plat dans le four et faire cuire pendant 30 min.

Accompagnement
1 petit bol chinois de purée de carottes (voir p. 266).

Filets de lieu doré aux carottes et coulis de cresson

Pour 2 personnes

Préparation : 30 min
Cuisson : 20 min

INGRÉDIENTS

500 à 600 g de filets de lieu doré
200 g de carottes coupées en rondelles
1/2 botte de cresson
1 cuil. à café d'huile d'olive
2 cuil. à soupe de crème fraîche
1 cuil. à café de fumet de poisson deshydraté
Vinaigre d'alcool
Sel, poivre du moulin

• Éplucher le cresson, le laver dans deux eaux vinaigrées et l'égoutter.

• Dans une casserole, faire bouillir une grande quantité d'eau salée, y plonger le cresson et maintenir l'ébullition pendant 2 min. Égoutter en pressant bien pour enlever l'eau, puis laisser en attente.

• Dans une casserole d'eau bouillante salée, plonger les carottes épluchées et coupées en rondelles. Faire revenir à ébullition pendant environ 12 min. Égoutter et laisser en attente.

• Dans une casserole, délayer 1 cuil. à café de fumet de poisson deshydraté dans 10 cl d'eau bouillante. Remettre à ébullition, ajouter le cresson et les 2 cuil. à soupe de crème fraîche. Saler, poivrer.

• Bien mélanger, passer la préparation au mixeur pour obtenir une sauce bien onctueuse, puis la maintenir au chaud.

• Dans une poêle antiadhésive, mettre à chauffer l'huile d'olive.

• Dès qu'elle est chaude, y déposer les filets de lieu doré, saler, poivrer.

• Les retourner rapidement, saler et poivrer l'autre face.

• Dans des assiettes bien chaudes, répartir harmonieusement le lieu et les carottes.

• Servir avec la sauce.

Accompagnement

Les légumes du plat constituent la garniture.

Dîner

Limande et purée de betteraves parfumées au vinaigre de miel à l'ail

Pour 2 personnes

Préparation : 15 min
Cuisson : 35 min

INGRÉDIENTS

500 g de filets de limande (ou 1 kg de limande entière)
2 betteraves cuites
2 tomates
1 oignon
2 cl de vinaigre de miel à l'ail
2 cuil. à soupe d'huile d'olive
10 cl de bouillon de volaille
1 cuil. à soupe de crème fraîche
15 g de beurre
Sel, poivre du moulin

- Éplucher, épépiner et couper en dés les tomates. Couper l'oignon en dés.
- Dans une casserole, faire chauffer 1 cuil. à soupe d'huile d'olive, puis faire fondre les dés d'oignon et de tomate. Couvrir la casserole. faire cuire 15 min.
- Au bout de ce temps, ajouter le vinaigre et les betteraves qu'on aura coupées en petits dés. Saler, poivrer.
- Refaire cuire 15 min à feu moyen en recouvrant la casserole d'un couvercle.
- Mixer le tout avec la crème fraîche et le bouillon.
- Dans une poêle antiadhésive, faire chauffer 1 cuil. à soupe d'huile d'olive avec le beurre. Déposer les filets de limande.
- On les cuira 2 min sur 1 face et 1 min sur l'autre face toutes les deux salées et poivrées.
- On réalisera cette opération en fin de cuisson de la purée de betteraves, ce qui permettra de servir le tout bien chaud.

Accompagnement

Les betteraves constituent la garniture.

Bon à savoir

Si vous n'avez pas trouvé de vinaigre de miel à l'ail, vous pouvez délayer 1/4 de gousse d'ail écrasée dans du vinaigre de miel.

Filets de lotte aux lardons

Pour 2 personnes

Préparation : 20 min
Cuisson : 30 min

INGRÉDIENTS

400 g de filets de lotte
2 carottes
2 branches de céleri
2 poireaux
80 g de petits lardons fumés
10 g de beurre
1 cuil. à soupe d'huile d'olive
Quelques brins de ciboulette
Sel, poivre du moulin

• Éplucher et laver les légumes, puis émincer finement les poireaux et les branches de céleri, couper les carottes en fines rondelles.
• Dans une cocotte, verser l'huile d'olive, ajouter le beurre et faire chauffer à feu moyen.
• Saler et poivrer les filets de lotte, les mettre à dorer dans la cocotte, sur les deux faces.
• Lorsqu'ils sont dorés, ajouter les poireaux et le céleri.
• Couvrir et laisser cuire à feu doux jusqu'à ce que les légumes soient transparents (environ 10 min).
• Retirer la lotte, la poser sur une assiette creuse et la remplacer par les rondelles de carottes dans la cocotte.
• Saler très légèrement les légumes, couvrir et laisser cuire 5 min.
• Ajouter les lardons, les faire revenir puis remettre la lotte et le jus rendu dans la cocotte. Couvrir et laisse cuire encore 5 min.
• Déposer les filets au centre de 2 assiettes chaudes, les entourer de lardons puis de légumes, napper avec le jus de cuisson et parsemer de ciboulette ciselée.

Accompagnement

Les légumes du plat seront un accompagnement largement suffisant pour le soir.

Bon à savoir

Si l'on souhaite manger ce plat au déjeuner, il faudra diviser les quantités de légumes par 2 et ajouter 1 bol de riz par personne.

Blanquette de lotte safranée aux fonds d'artichauts

Pour 4 personnes

Préparation : 30 min
Cuisson : 30 min

INGRÉDIENTS

1 bon kg de queues de lotte épluchées et débarrassées de leur os
8 fonds d'artichauts surgelés
1 branche de coriandre
Sel, poivre du moulin

Pour le court-bouillon
1,5 litre d'eau
1,5 litre de vin blanc sec
1 carotte
1 oignon piqué d'1 clou de girofle
1 branche de céleri
1 orange non traitée
4 grains de coriandre
1 bouquet garni (persil, thym, laurier)
Sel, poivre du moulin

- Ôter le zeste de l'orange et le tailler en fins bâtonnets, puis presser l'orange pour en recueillir le jus.
- Dans une grande casserole, verser l'eau, le vin blanc, le jus de l'orange, les zestes, les grains de coriandre, le bouquet garni, l'oignon, la carotte épluchée et coupée en rondelles et la branche de céleri en tronçons, saler, poivrer.
- Couvrir, porter à ébullition et maintenir à petits frémissements pendant 20 min. Laisser refroidir.
- Faire cuire les fonds d'artichauts comme indiqué sur l'emballage, les égoutter, il ne reste plus qu'à les réchauffer.
- Mettre les queues de lotte dans une grande casserole, verser le court-bouillon refroidi et porter à ébullition à feu moyen.
- Quand le bouillon frémit, sortir les queues de lotte à l'écumoire et les maintenir au chaud.
- Filtrer le court-bouillon à l'aide d'une passoire au-dessus d'une casserole à large fond, sur feu vif, et laisser réduire de moitié.
- Pendant que le court-bouillon réduit dans un grand bol ou un saladier, mélanger 1 cuil. à soupe de crème fraîche avec le jaune d'œuf.
- Quand le bouillon a réduit (il doit en rester environ 1 litre), ajouter les 3 dernières cuillerées. de crème en fouettant le mélange, ajouter le safran et faire réduire d'1/3 pour qu'il en reste environ 65 cl.

Pour la sauce
15 cl de crème fraîche (4 cuil. à soupe)
1 gros jaune d'œuf ou 2 petits
1 g de safran en filaments
Sel, poivre du moulin

• Baisser le feu, à partir de maintenant le bouillon ne doit plus bouillir. Prélever une louche de bouillon crémé et la verser en fouettant vivement dans le mélange œuf-crème puis une deuxième louche tout en fouettant.
• Verser lentement le contenu du bol dans le bouillon crémé, laisser cuire sans cesser de remuer pendant 5 min, y déposer les lottes pour les réchauffer.
• Réchauffer les artichauts dans de l'eau bouillante, les égoutter.
• Dans un plat creux de service chaud, disposer les queues de lotte entourées de 8 fonds d'artichauts.
• Recouvrir de sauce, parsemer de feuilles de coriandre grossièrement ciselées.

Accompagnement
Les légumes du plat constituent la garniture

Bon à savoir
• *On peut préparer le court-bouillon la veille.*
• *La lotte étant un poisson gras et très nourrissant, ce plat du soir pourra se manger au déjeuner. Il faudra dans ce cas enlever les fonds d'artichauts et accompagner le plat avec 1 bol chinois de riz par personne que l'on nappera de la sauce.*

Lotte à l'américaine

Pour 2 personnes

Préparation : 20 min
Cuisson : 30 min

INGRÉDIENTS

- **500 g de filets de lotte**
- **1 oignon haché**
- **1 cuil. à soupe de concentré de tomate**
- **6 tomates**
- **4 cuil. à soupe de farine**
- **1 verre à liqueur de cognac**
- **20 cl de vin blanc sec**
- **1 gousse d'ail débarrassée de son germe**
- **4 cuil. à soupe d'huile d'olive**
- **Sel, poivre blanc**
- **Poivre de Cayenne**

• Mettre la farine dans une assiette creuse, couper les filets de lotte en gros tronçons de 4 à 5 cm, les rouler dans la farine et les secouer pour en enlever l'excédent.
• Dans une poêle antiadhésive, faire chauffer à feu vif 2 cuil. à soupe d'huile d'olive, y mettre à dorer les morceaux de lotte qui vont rendre beaucoup d'eau. Jeter l'excédent d'eau pour remettre la poêle « à sec ».
• Arroser les morceaux de lotte avec le cognac, faire flamber, puis mettre la poêle hors du feu.
• Peler et couper les tomates en dés.
• Dans une sauteuse antiadhésive, mettre 2 cuil. à soupe d'huile d'olive y jeter l'oignon haché pour le faire fondre. Dès qu'il est transparent, ajouter les tomates pelées, coupées en dés, le concentré de tomate, la gousse d'ail écrasée, le sel, le poivre blanc, le poivre de Cayenne.
• Arroser avec le vin blanc, ajouter les morceaux de lotte et leur accompagnement.
• Laisser cuire à découvert 20 min à feu vif. Si le jus est resté trop liquide, ôter les morceaux de poisson et le faire réduire à feu très vif.
• Remettre ensuite les morceaux de lotte pour les réchauffer avant de servir.

Accompagnement
Les légumes du plat constituent la garniture.

Bon à savoir

Si l'on souhaite manger cette lotte à l'américaine le midi, il faudra enlever les tomates du plat avant de le servir (elles pourront être servies avec le poisson du soir par exemple) et l'accompagner d'1 bol chinois de semoule par personne.

Queues de lotte sur lit de tomates

Pour 2 personnes

Préparation : 15 min
Cuisson : 40 min

INGRÉDIENTS

- **500 g de queues de lotte**
- **600 g de tomates**
- **4 cuil. à soupe d'huile d'olive**
- **1 échalote**
- **1 gousse d'ail**
- **1 bouquet garni**
- **4 cuil. à soupe de madère**
- **1 trait de vermouth (Noilly-Prat, par exemple)**
- **1 cuil. à café de sucre en poudre**
- **1 pincée de poivre de Cayenne**
- **Sel, poivre du moulin**

• Peler les tomates et les couper en deux. Éplucher l'échalote et la hacher. Éplucher la gousse d'ail.

• Couper les queues de lotte en tronçons de 4 à 5 cm.

• Dans une sauteuse, faire chauffer l'huile d'olive, faire fondre doucement l'échalote, ajouter les tomates, les saupoudrer de sucre en poudre et les faire cuire 5 min.

• Ajouter le madère, le vermouth, l'ail écrasé et le bouquet garni. Saler, poivrer et laisser cuire 20 min à découvert pour faire évaporer l'alcool et l'excès d'eau.

• Ajouter les queues de lotte, le poivre de Cayenne et laisser mijoter 15 min en remuant de temps en temps pour éviter que les tomates brûlent.

• Servir tel quel le plat qui se suffit amplement à lui-même.

Accompagnement

Les légumes du plat constituent la garniture.

Bon à savoir

Bien que la lotte soit un poisson très nourrissant, ce plat se mange uniquement le soir.

Filets de maquereau à la moutarde

Pour 2 personnes

Préparation : 15 min
Cuisson : 20 min

INGRÉDIENTS

2 beaux maquereaux étêtés et vidés
1 sachet de court-bouillon
2 cuil. à soupe et 1 cuil. à café de vinaigre de vin blanc
1 cuil. à soupe de moutarde forte de Dijon
20 g de beurre
2 cuil. à soupe de crème fraîche
1 feuille de laurier
Sel, poivre du moulin

• Cuire d'abord les maquereaux : remplir une casserole d'environ 3 litres d'eau froide, y verser le contenu du sachet de court-bouillon, 2 cuil. à soupe de vinaigre, la feuille de laurier, saler, poivrer. Porter à ébullition.
• Plonger alors les maquereaux et laisser frémir pendant 15 min.
• Pendant ce temps, préparer la sauce : délayer dans une poêle 1 cuil. à café de vinaigre avec la moutarde, ajouter le beurre, saler et poivrer.
• Faire chauffer et incorporer la crème fraîche.
• Quand les maquereaux sont cuits, les sortir de la casserole, enlever la peau, laver les filets en veillant à bien enlever les arêtes, puis les poser dans la poêle pour les réchauffer 1 ou 2 min.
• Les servir très chauds, nappés de leur sauce dans 2 assiettes chaudes.

Accompagnement

1 petit bol chinois d'épinards.

Bon à savoir

Ce poisson gras pourra se manger le midi. On y ajoutera alors 1 bol chinois de lentilles chaudes (voir p. 133) à la vinaigrette par personne.

Maquereaux sur lit de tomates

Pour 2 personnes

Préparation : 20 min
Cuisson : 40 min

INGRÉDIENTS

2 gros maquereaux
2 tomates
1 oignon
1 échalote
1 gousse d'ail
1 bouquet de persil
10 cl de crème fraîche
1 cuil. à soupe d'huile d'olive
1 branche d'estragon
Sel, poivre du moulin

• Demander à votre poissonnier de vider les maquereaux.
• Couper les tomates en rondelles. Hacher ensemble l'oignon avec l'échalote, et le persil avec l'estragon.
• Dans une petite poêle, mettre à chauffer l'huile d'olive, y disposer le hachis d'échalote et d'oignon, et les faire revenir jusqu'à ce qu'ils deviennent transparents. Saler, poivrer, ajouter la moitié du hachis d'herbes et laisser en attente.
• Préchauffer le four à 200 °C (th. 6-7).
• Dans un plat allant au four, disposer un lit de rondelles de tomates.
• Recouvrir de la moitié du hachis d'herbes laissé en attente, verser les 10 cl de crème fraîche.
• Laver les maquereaux, les saler et poivrer à l'intérieur, les garnir de la moitié du hachis restant et parsemer l'autre moitié sur les poissons.
• Recouvrir le plat d'un couvercle ou d'une feuille de papier aluminium.
• Enfourner et faire cuire pendant 30 min.

Accompagnement
Les légumes du plat constituent la garniture

Maquereaux farcis à l'échalote

Pour 2 personnes

Préparation : 20 min
Cuisson : 25 min

INGRÉDIENTS

4 maquereaux
6 échalotes
2 citrons (jus)
3 cuil. à soupe d'huile d'olive
1 cuil. à café de persil
1 cuil. à café de graines de fenouil
1 cuil. à café de graines d'aneth
Sel, poivre du moulin

- Demander au poissonnier de vider et de couper les nageoires des maquereaux. Pratiquer sur le dos de petites incisions.
- Badigeonner l'intérieur des poissons avec 1 cuil. à soupe d'huile d'olive. Arroser de jus de citron (garder 1/2 citron), saler et poivrer.
- Farcir chaque poisson avec un mélange de persil haché, fenouil, aneth et 4 échalotes hachées. Ficeler chaque maquereau.
- Dans une poêle, faire chauffer 1 cuil. à soupe d'huile d'olive.
- Faire cuire les poissons 8 min de chaque côté.
- Pendant ce temps, préparer la sauce : dans une poêle, faire chauffer 1 cuil. à soupe d'huile d'olive et faire revenir les 2 échalotes hachées restantes, du persil haché, le jus d'1/2 citron.
- Saler, poivrer et laisser cuire doucement pendant 6 min.
- Servir bien chaud.

Accompagnement

On peut ajouter à ce plat des petits navets glacés (voir p. 275) ou des champignons à l'échalote (voir p. 274).

Bon à savoir

Ce poisson très gras peut se manger le midi, à condition de l'accompagner d'1 bol chinois de petits pois au beurre par personne.

Filets de merlan panés aux amandes

Pour 2 personnes

Préparation : 10 min
Cuisson : 7 min

INGRÉDIENTS

500 g de filets de merlan
125 g de poudre d'amandes
50 g d'amandes effilées
15 g de beurre
Sel, poivre du moulin

• Dans une poêle antiadhésive, faire griller les 50 g d'amandes effilées en les remuant pour éviter qu'elles ne brûlent puis mettre en attente dans une assiette lorsqu'elles sont bien dorées.
• Mettre la poudre d'amandes dans une assiette, y paner les filets de merlan comme on ferait avec de la farine.
• Dans la poêle qui a servi aux amandes, faire chauffer le beurre.
• Dès qu'il est bien chaud, y déposer les filets de merlan qu'on fera cuire 2 min de chaque côté. Saler, poivrer.

Accompagnement
Servir avec les endives à l'orange (voir p. 272) qu'on parsèmera d'amandes grillées.

Filets de merlan au citron et au cumin

Pour 2 personnes

Préparation : 10 min
Cuisson : 10 min

INGRÉDIENTS

500 g de filets de merlan
1 citron (jus)
2 oignons
2 cuil. à soupe d'huile d'olive
1 cuil. à soupe de cumin en graines
Sel, poivre du moulin

• Dans une poêle antiadhésive, verser l'huile d'olive. Quand elle est chaude, y mettre les oignons à fondre.
• Dès qu'ils deviennent transparents, ajouter le jus du citron, laisser cuire jusqu'à ce qu'ils prennent une légère couleur.
• Poser alors les filets de merlan, saler, poivrer et parsemer largement de graines de cumin.
• Cuire 1 min, puis retourner les poissons, ajouter à nouveau du cumin, saler et poivrer légèrement, et cuire encore 1 min environ suivant l'épaisseur des filets.

Accompagnement

Servir avec des endives au citron (voir p. 271).

Dîner

Moules marinières

Pour 2 personnes

Preparation : 15 min
Cuisson : 10 min

INGRÉDIENTS

2 litres de moules
20 g de beurre
20 cl de vin blanc
3 échalotes hachées finement
1/2 bouquet de persil haché
2 branches de thym
2 feuilles de laurier
Poivre du moulin

• Nettoyer soigneusement les moules sous un filet d'eau courante et ne surtout pas les laisser dans l'eau, elles s'ouvriraient et perdraient leur jus.
• Tirer sur les filaments pour les éliminer et jeter les moules qui ne se referment pas quand on les cogne légèrement.
• Chauffer le beurre dans une grande casserole, y faire fondre les échalotes 2 à 3 min, ajouter la moitié du persil haché, le thym, le laurier, le vin blanc et le poivre, porter à ébullition.
• Ajouter les moules et les faire ouvrir à feu vif en remuant pour qu'elles soient toutes soumises à la même chaleur.
• Lorsqu'elles sont ouvertes, retirer les moules à l'aide d'une écumoire et les mettre dans des assiettes creuses, les parsemer du reste de persil.
• Attention ! Il reste souvent du sable dans le fond de la casserole. Il est conseillé de filtrer le jus à travers un linge fin posé sur une passoire avant de le verser sur les moules qu'on servira sans attendre.

Accompagnement

Vous pouvez déguster ce plat seul ou avec une part de légumes, par exemple 2 poireaux vinaigrette.

Bon à savoir

- *Surtout, ne cédez pas à la tentation des frites le soir : ce plat doit se suffire à lui-même, quitte à manger plus de moules.*
- *Le midi, vous pourriez bien sûr ajouter des frites. Mais, malheureusement, les moules ne sont pas assez nourrissantes et vous auriez à coup sûr faim, très tôt dans l'après-midi. Réservez donc prudemment ce plat pour un repas du soir.*

Dos de moruette à l'oseille et au lait de coco

Pour 2 personnes

Préparation : 10 min
Cuisson : 25 min

INGRÉDIENTS

500 à 600 g de dos de moruette
1 échalote hachée
1 cuil. à soupe d'huile d'olive
2 cuil. à soupe de vin blanc sec
1 petite botte d'oseille
10 cl de lait de coco
Sel, poivre du moulin

- Laver l'oseille.
- Dans une sauteuse antiadhésive, faire chauffer l'huile d'olive, y faire fondre l'échalote hachée et lorsqu'elle est transparente, ajouter le poisson et le vin blanc.
- Saler, poivrer, faire cuire 8 min. Retourner le poisson et faire cuire 3 à 4 min suivant l'épaisseur des morceaux, puis réserver sur une assiette.
- Ajouter l'oseille et la faire fondre en remuant avec une cuillère en bois. Lorsqu'elle est cuite, ce qui se voit à sa couleur devenue vert foncé, ajouter le lait de coco.
- Délayer le tout, saler, poivrer, et ajouter les morceaux de poisson.
- Servir aussitôt.

Accompagnement
L'oseille du plat constitue la garniture.

Raie aux carottes et aux petits raisins

Pour 2 personnes

Préparation : 15 min
Cuisson : 30 min

INGRÉDIENTS

600 g d'aile de raie
4 carottes
1 cuil. à soupe de petits raisins secs
15 g de beurre
1 cuil. à soupe d'huile d'olive
Grains de coriandre
Grains de poivre

Pour le court-bouillon
2 cuil. à soupe de vinaigre de cidre
1 piment oiseau
5 grains de coriandre
5 grains de poivre gris
2 grains de piment de la Jamaïque
1 clou de girofle
Sel, poivre du moulin

- Remplir une grande casserole d'eau, ajouter les ingrédients du court-bouillon et les morceaux de raie.
- Porter à ébullition à feu vif, puis baisser le feu pour maintenir une petite ébullition pendant environ 15 min suivant l'épaisseur de la raie.
- Égoutter et ôter les fanons des filets.
- Faire cuire simultanément les carottes coupées en rondelles 20 à 25 min dans une casserole d'eau salée. Ajouter 1 cuil. à soupe de raisins secs, quelques grains de coriandre et de poivre. Porter à ébullition et laisser cuire 15 min à petits frémissement et égoutter.
- Dans une poêle, faire chauffer 15 g de beurre avec 1 cuil. à soupe d'huile d'olive, y déposer les morceaux de raie et les carottes aux raisins pour les faire rissoler, puis servir sur des assiettes chaudes.

Bon à savoir
- *Ce plat se suffit à lui-même pour le soir.*
- *La raie est un poisson maigre qu'il ne faut surtout pas manger le midi.*

Raie au beurre blond

Pour 2 personnes

Préparation : 15 min
Cuisson : 15 à 20 min

INGRÉDIENTS

600 g de raie fraîche ou surgelée

Pour la sauce
50 g de beurre,
1/2 citron (jus)
1 cuil. à soupe de câpres
1 échalote hachée
1 cuil. à café de persil haché
Sel, poivre du moulin

Pour le court-bouillon
4 litres d'eau
1 carotte
1/2 poireau
2 grains de piment de la Jamaïque
1 oignon piqué d'1 clou de girofle
50 cl de vinaigre de vin blanc
1 bouquet de thym et de laurier
3 brins de persil
10 grains de poivre
Gros sel

• Préparer le court-bouillon : peler la carotte, la couper en tronçons.
• Couper le poireau en tronçons.
• Mettre tous les ingrédients ainsi que 2 cuil. à café de gros sel dans une grande casserole.
• Porter à ébullition pendant 20 à 30 min pour donner plus de saveur.
• Plonger les ailes de raie dans ce court-bouillon.
• Rétablir l'ébullition puis baisser et maintenir un frémissement pendant 10 à 15 min si la raie est surgelée, 5 à 10 min si elle est fraîche suivant l'épaisseur des morceaux.
• Préparer la sauce : mettre tous les ingrédients dans une casserole, porter à ébullition et verser aussitôt sur la raie qu'on aura pris soin d'égoutter.

Accompagnement
1 petit bol chinois de carottes à l'étouffée (voir p. 265).

Bon à savoir
Si vous êtes pressé, vous pouvez utiliser 2 sachets de court-bouillon tout prêt que vous trouverez dans le commerce.

Raie au gratin

Pour 2 personnes

Préparation : 10 min
Cuisson : 20 min

INGRÉDIENTS

4 morceaux d'ailes de raie de 250 g chacun
1 cuil. à café de farine
1/3 de pot de petits oignons grelots au vinaigre
1 gousse d'ail épluchée
50 g de gruyère râpé
15 g de beurre + 15 g pour le plat
1/2 de litre de lait
2 clous de girofle
1 branche de thym
1 feuille de laurier
Sel, poivre du moulin

- Dans une grande casserole, mettre la raie, le lait, le beurre, la farine, les clous de girofle, l'ail, le thym, le laurier, le sel et le poivre.
- Cuire 5 min à partir de l'ébullition.
- Sortir la raie, la poser dans un plat à gratin beurré.
- Préchauffer le four à 210 °C (th. 7).
- Passer le jus de cuisson et le faire réduire de moitié.
- Éparpiller les oignons sur les ailes de raie, puis arroser avec le jus de cuisson réduit.
- Saupoudrer avec le gruyère râpé et passer 10 min au four.

Accompagnement

1 petit bol chinois de haricots verts ou d'épinards.

Bon à savoir

Le fait qu'elle soit cuisinée en gratin fait que, pour une fois, la raie pourra être servie à midi, à condition d'augmenter à 40 g le gruyère râpé et d'accompagner le plat d'1 bol chinois par personne de purée de pommes de terre (voir p. 128) gratinée.

Raie au safran et aux petits légumes

Pour 2 personnes

Préparation : 10 min
Cuisson : 20 min

INGRÉDIENTS

600 g de raie
250 g de petits légumes en brunoise (petits cubes) surgelés ou un mélange de courgettes, navets, carottes, oignons
1 sachet de court-bouillon
1 petit oignon
10 cl de fumet de poisson
1 cuil. à café d'huile d'olive
15 g de beurre
2 doses de safran
Sel, poivre du moulin

- Dans une grande casserole d'eau, jeter le contenu du sachet de court-bouillon et porter à ebullition.
- Plonger les morceaux de raie dès que l'eau est bouillante et maintenir celle-ci frémissante pendant 10 min.
- Pendant ce temps, dans une petite casserole, faire chauffer l'huile d'olive, y mettre à fondre l'oignon émincé finement sans le laisser prendre couleur.
- Ajouter le fumet de poisson, le safran et le beurre.
- Laisser mijoter 5 à 6 min. Sortir les morceaux de raie du court-bouillon, les égoutter, enlever la peau, les dresser dans 2 assiettes chaudes et les napper de sauce.
- Faire chauffer dans une sauteuse ou une poêle, 1 cuil. à soupe d'huile d'olive, y jeter 4 bonnes cuillerées à soupe de brunoise qu'on laissera à feu moyen à couvert pendant 5 à 6 min en remuant légèrement.
- Saler, poivrer.

Accompagnement

La brunoise de légumes constitue la garniture.

Filets de rouget parfumés à l'aneth, à l'anis et au vinaigre de miel à l'ail

Pour 2 personnes

Préparation : 10 min
Cuisson : 15 min

INGRÉDIENTS

8 filets de rouget
3 cuil. à soupe d'huile d'olive
1 cuil. à soupe de vinaigre de miel à l'ail
2 graines d'aneth
2 graines d'anis
1 cuil. à café de paprika
Sel, poivre du moulin

- Dans une poêle antiadhésive, faire chauffer 1 cuil. à soupe d'huile d'olive.
- Quand elle est bien chaude, y déposer les filets de rouget, la peau du côté de la poêle.
- Saler, poivrer, sur chaque filet, mettre 1 pincée de paprika, 2 graines d'aneth, et 2 graines d'anis.
- Retourner aussitôt les filets, saler, poivrer et mettre 1 pincée de paprika.
- Servir dans des assiettes chaudes.
- Napper le tout avec une vinaigrette composée de : 1 cuil. à soupe de vinaigre de miel à l'ail, sel, poivre et bien remuer à la cuillère pour dissoudre le sel. Ajouter 2 cuil. à soupe d'huile d'olive, 1 pincée d'aneth et 1 pincée d'anis

Accompagnement

1 petit bol chinois de salade de haricots verts ou de betteraves chaudes

Bon à savoir

Si vous n'avez pas trouvé de vinaigre de miel à l'ail, délayez 1/4 de gousse d'ail écrasée dans 1 cuil. à soupe de vinaigre de miel

Dîner

Filets de rouget au parfum d'orange sur fondue d'endives

Pour 2 personnes

Préparation : 15 min
Cuisson : 30 min

INGRÉDIENTS

500 à 600 g de filets de rouget
1 orange (jus)
1/2 citron (jus)
1 petite cuil. à café de sucre en poudre
1 cuil. à café d'huile d'olive
20 g de beurre
Sel, poivre du moulin

• Préparer les endives : éliminer les feuilles flétries, couper le pied en le creusant pour enlever l'amertume.
• Couper les endives en rondelles d'1 cm d'épaisseur.
• Dans une poêle antiadhésive à fond épais, faire chauffer 1 cuil. à café d'huile d'olive, ajouter les endives, le jus d'1/2 orange et d'1/2 citron, saler, poivrer et poudrer de sucre en poudre.
• Couvrir et laisser mijoter à feu moyen pendant 10 min, puis ôter le couvercle et continuer la cuisson encore 10 min.
• Pendant que les endives cuisent, faire chauffer 1 cuil. à café d'huile d'olive et le beurre dans une poêle.
• Y poser les rougets côté peau pour les saisir pendant 2 min. Saler, poivrer
• Les retourner pour finir la cuisson pendant 1 à 2 min suivant l'épaisseur des filets, verser le jus de la deuxième moitié d'orange pour déglacer la poêle.
• Placer les filets sur leur lit d'endives dans une assiette bien chaude.

Accompagnement

La fondue d'endives constitue une garniture suffisante.

Saint-Jacques au naturel

Pour 2 personnes

Préparation : 5 min
Cuisson : 3 à 4 min

INGRÉDIENTS

12 noix de Saint-Jacques et leur corail
15 g de beurre

- Couper les Saint-Jacques en deux dans le sens de la longueur.
- Préchauffer le four à 280 °C (th. 9).
- Beurrer un plat allant au four et y disposer les coquilles.
- Humecter les coquilles avec de l'eau, ne pas saler. Enfourner pendant 3 à 4 min.

Accompagnement

1 petit bol chinois de carottes à l'étouffée (voir p. 265).

Bon à savoir

Ce plat du soir pourra venir compléter un petit plat de viande le midi. Dans ce cas, on l'accompagnera de petites pommes de terre sautées (voir p. 131).

Pavés de saumon sur lit de fenouil et céleri

Pour 2 personnes

Préparation : 15 min
Cuisson : 20 min

INGRÉDIENTS

2 pavés de saumon de 200 g chacun
1 céleri en branches
1 gros pied de fenouil
Quelques graines d'anis
2 cuil. à soupe d'huile d'olive
Sel de Guérande, poivre du moulin

- Éplucher, laver et couper en dés le fenouil et le céleri.
- Dans une sauteuse, faire chauffer l'huile d'olive y jeter les dés de fenouil et de céleri, saler et poivrer.
- Laisser cuire 8 min à feu moyen en remuant de temps en temps.
- Poser les 2 pavés de saumon sur les légumes, les poivrer et les saupoudrer avec les graines d'anis et un peu de sel de Guérande.
- Laisser cuire environ 10 min, suivant l'épaisseur des pavés de saumon.
- Quand le saumon est cuit, le servir en le décorant avec quelques feuilles de fenouil.

Accompagnement

Les légumes du plat constituent la garniture.

Pavés de saumon à la fondue de tomates

Pour 2 personnes

Préparation : 5 min
Cuisson : 30 min

INGRÉDIENTS

2 pavés de saumon de 250 g chacun

Pour la fondue de tomates
6 tomates pelées
2 cuil. à soupe d'huile d'olive
1 cuil. à café de thym
1 cuil. à café de graines d'aneth
1 cuil. à café de marjolaine (origan)
1 pointe de couteau de piment de Cayenne
1 cuil. à café de sucre en poudre
Sel de Guérande, poivre du moulin

- Préparer la fondue de tomates : peler les tomates, les couper en huit morceaux.
- Dans une sauteuse antiadhésive, faire chauffer l'huile. Y faire fondre les tomates coupées en morceaux.
- Saler, poivrer et parsemer de thym, de sucre en poudre, de graines d'aneth, de marjolaine et d'1 pointe de couteau de piment de Cayenne.
- Laisser mijoter 15 min.
- Déposer les pavés de saumon sur la fondue de tomates, les saler avec le sel de Guérande et poivrer.
- Laisser cuire environ 10 min.
- Vérifier la cuisson et servir sur des assiettes chaudes.

Accompagnement

La fondue de tomates représente la part de légumes du dîner.

Saumon et lieu doré sur lit de haricots verts au beurre citronné

Pour 2 personnes

Préparation : 20 min
Cuisson : 15 min

Ingrédients

2 pavés de saumon de 150 à 200 g
2 filets de lieu doré de 100 à 150 g
250 g de haricots verts frais ou surgelés
1 grosse échalote ou 2 petites
1 citron
1 cuil. à soupe de câpres
2 cuil. à soupe d'huile d'olive
40 g de beurre
Sel, poivre du moulin

• Verser les haricots verts dans une casserole d'eau bouillante salée et les faire cuire 10 min avant de les égoutter.
• Pendant qu'ils cuisent, faire chauffer une poêle antiadhésive, y déposer les 2 morceaux de saumon.
• Dès qu'ils ont rendu un peu de gras, y ajouter les filets de lieu, arroser du jus d'une moitié de citron, saler et poivrer.
• Au bout de 3 min, retourner les morceaux et les filets de poisson, faire cuire à feu moyen.
• Pendant que les poissons cuisent, mettre à chauffer l'huile d'olive dans une autre poêle et y faire revenir l'échalote hachée.
• Quand elle commence à dorer, en mettre la moitié dans un bol, ajouter le jus de la deuxième moitié de citron, le beurre, les câpres, du sel, du poivre et faire chauffer dans une casserole ou au four à micro-ondes.
• Dans la poêle bien chaude où il reste la moitié des échalotes, verser les haricots verts.
• Dès qu'ils sont bien rissolés, les mettre dans 2 assiettes chaudes, poser dessus les poissons et arroser largement avec la sauce.

Accompagnement
Les haricots verts constituent la part de légumes du dîner.

Bon à savoir

Bien que le saumon soit très nourrissant, ce plat, avec ses légumes verts, se mangera le soir. Cependant on pourra, pour un repas du midi, faire cuire les poissons sans les haricots verts et les accompagner d'1 bol chinois de semoule par personne.

Saumon à l'étouffée sur lit d'endives à l'orange

Pour 2 personnes

Préparation : 5 min
Cuisson : 25 min

INGRÉDIENTS

400 à 500 g de filets de saumon sans la peau
4 endives
1 orange (jus)
1 cuil. à café d'huile d'olive
2 pincées de sel fin
Sel de Guérande, poivre mignonnette

- Éplucher les endives, en creusant le pied pour en ôter l'amertume, et les couper en rondelles d'1 cm.
- Dans une sauteuse antiadhésive, mettre l'huile d'olive à chauffer à feu moyen, ajouter les rondelles d'endives, saler avec le sel fin, et arroser avec le jus d'orange.
- Au bout d'environ 7 min, quand le jus d'orange et le jus rendu par les endives dégagent une légère vapeur, poser les tranches de saumon sur les légumes, les parsemer de sel de Guérande et de poivre mignonnette.
- Recouvrir d'un couvercle, baisser le feu et faire cuire environ 15 min.
- Dès que le saumon est devenu rose mat, arrêter la cuisson et servir.

Accompagnement
Les endives à l'orange constituent une garniture suffisante pour un repas du soir.

Saumon à l'orange et à l'aneth

Pour 2 personnes

Préparation : 12 min
Cuisson : 25 min

INGRÉDIENTS

500 à 600 g de filets de saumon
4 carottes
2 oranges
1 cuil. à café d'aneth
15 g de beurre
1/2 cuil. à café de sucre en poudre
1/2 cuil. à café de gros sel de Guérande

• Éplucher et couper les carottes en rondelles, les mettre dans une casserole avec 2 zestes d'orange. Couvrir d'eau. Mettre le sucre en poudre, saler et poivrer.
• Porter à ébullition et compter 15 min de cuisson.
• Pendant ce temps, couper 1 orange et demie en rondelles. Dans une cocotte, un cuit-vapeur ou tout simplement une poêle qu'on recouvrira d'une assiette, poser les filets de saumon sans peau sur des rondelles d'orange.
• Saupoudrer avec 1/2 cuil. à café de feuilles d'aneth et le gros sel.
• Faire cuire environ 10 min suivant l'épaisseur des filets.
• Préparer la sauce : faire fondre 15 g de beurre avec le jus d'1/2 orange et le reste de feuilles d'aneth.
• Égoutter les carottes, les disposer autour du saumon, arroser largement de sauce.

Accompagnement
Les légumes du plat constituent la garniture

Bon à savoir
Si vous souhaitez servir ce plat à midi, il suffira de supprimer les carottes et de les remplacer par 1 bol chinois de riz par personne

Saumon et tomates à l'anis vert

Pour 2 personnes

Préparation : 5 min
Cuisson : 40 min

INGRÉDIENTS

500 à 600 g de saumon en filets sans la peau
6 tomates
2 cuil. à soupe d'huile d'olive
1 cuil. à café d'herbes de Provence
1 cuil. à café et demie de graines d'anis vert
1 brin de basilic (facultatif)
1/2 cuil. à café de sucre en poudre
Sel, poivre du moulin

• Dans une sauteuse, faire chauffer l'huile d'olive, y déposer les tomates coupées en huit ; saler, poivrer, ajouter les herbes de Provence, 1 cuil. à café de graines d'anis, puis le sucre en poudre et laisser mijoter au minimum 30 min à découvert pour que l'eau s'évapore.
• À mi-cuisson, faire chauffer une poêle anti-adhésive, y déposer le saumon, saler, poivrer.
• Retourner le saumon au bout de 5 min pour qu'il soit doré sur les deux faces et laisser cuire encore 3 min environ suivant l'épaisseur du filet, puis parsemer avec 1/2 cuil. à café de graines d'anis vert.
• Répartir les tomates dans 2 assiettes chaudes et poser les filets de saumon dessus. On peut décorer avec 1 brin de basilic.

Accompagnement
Les tomates du plat constituent la garniture.

Bon à savoir
La cuisson du poisson étant séparée de celle des tomates, vous pouvez servir ce plat au déjeuner, à condition de remplacer la part de tomates par 1 bol chinois de riz pilaf (voir p. 134) par personne.

Filets de sole aux haricots verts

Pour 2 personnes

Préparation : 5 min
Cuisson : 15 min

INGRÉDIENTS

500 g de filets de sole surgelée
200 g de haricots verts frais ou surgelés
1 trait de vermouth (Noilly-Prat par exemple)
1 cuil. à soupe de farine
45 g de beurre
Persil haché
Sel, poivre du moulin

- Fariner les soles au doigt en fine couche sur les deux faces, et secouer pour enlever l'excédent de farine.
- Dans une poêle antiadhésive, faire fondre 30 g de beurre.
- Quand le beurre est chaud, grésillant et bien doré, mettre les soles à cuire 2 min de chaque côté, à feu vif.
- Poser les filets sur 2 assiettes chaudes.
- Déglacer la poêle avec 1 cuil à soupe de vermouth qu'on versera ensuite sur les filets.
- Jeter les haricots verts dans une grande casserole d'eau bouillante salée, compter 8 min de cuisson après la reprise de l'ébullition, égoutter, ajouter 15 g de beurre frais, du persil haché et du poivre. Disposer les haricots dans les assiettes autour des filets de sole.

Accompagnement

Les haricots verts constituent la garniture.

Bon à savoir

Le midi, servez les filets de sole avec 2 pommes de terre par personne.

Poêlée de thon aux carottes et aux oignons

Pour 2 personnes

Préparation : 15 min
Cuisson : 30 min

INGRÉDIENTS

500 à 600 g de thon au naturel (en boîte)
300 g de carottes surgelées coupées en rondelles
1 oignon
1 cuil. à soupe et 1 cuil. à café d'huile d'olive
1/2 verre à moutarde de vin blanc sec
1 branche de thym
1 feuille de laurier
1 cuil. à café de persil
1/2 cuil. à café de sucre en poudre
1 cuil. à café de sel, poivre du moulin

• Dans une casserole, verser les carottes, les couvrir d'eau, ajouter le poivre, 1 cuil. à café d'huile d'olive, le sucre, le sel, le thym et le laurier.
• Mettre à chauffer à feu vif jusqu'à frémissement. Maintenir à feu moyen pendant 15 min.
• Couper l'oignon en petits dés (pour éplucher et découper les oignons sans pleurer, on part de la tête vers la racine).
• Dans une poêle, mettre 1 cuil. à soupe d'huile d'olive à chauffer, y jeter l'oignon et ajouter le vin blanc.
• Pendant ce temps, ouvrir les boîtes de thon et surtout ne pas jeter le jus qui servira pour la sauce.
• Dès que l'oignon devient transparent, poser dessus le thon mis en gros morceaux. Laisser réchauffer 5 min.
• Pendant que le thon et les carottes continuent de cuire, prendre une petite casserole, y mettre 1 cuil. à café de moutarde forte, les 2 cuil. à soupe de crème fraîche et 6 cuil. à soupe du jus des boîtes de thon.
• Ne pas ajouter de sel car le jus est déjà salé, mais ne pas oublier de poivrer et d'ajouter la pincée de paprika, faire réduire le jus de moitié à feu vif.
• Vérifier la cuisson des carottes, les égoutter.

Pour la sauce
1 cuil. à café de moutarde forte
2 cuil. à soupe de crème fraîche
Le jus du thon
1 pincée de paprika
Poivre du moulin

• Mettre le tout dans un plat ou sur 2 assiettes en ajoutant pour le plaisir des yeux et du goût, des feuilles de persil plat ciselées au-dessus des assiettes ou du plat.

Accompagnement

Les carottes constituent la part de légumes du dîner.

Dîner

Thon au curry et fondue d'endives à l'orange

Pour 2 personnes

Préparation : 10 min
Cuisson : 20 min

INGRÉDIENTS

- **450 g de thon en boîte**
- **4 endives**
- **1 échalote**
- **1 cuil. à café de pâte de curry**
- **2 cuil. à soupe d'huile d'olive**
- **1 orange (jus)**
- **1/2 cuil. à café de sucre en poudre**
- **el, poivre du moulin**

• Éplucher les endives en creusant le pied pour enlever la partie la plus amère. Les couper en rondelles d'1 cm.
• Dans une sauteuse antiadhésive à fond épais, faire chauffer 1 cuil. à soupe d'huile d'olive.
• Quand elle est transparente, y jeter les endives émincées, saler, poivrer, arroser du jus d'orange et saupoudrer de sucre.
• Couvrir et laisser mijoter pendant 10 min puis, découvrir jusqu à évaporation de l'eau rendue par les endives.
• Ouvrir la boîte de thon.
• Dans une casserole, faire chauffer 1 cuil. à soupe d'huile d'olive, mettre à fondre l'échalote hachée.
• Dès qu'elle est transparente, ajouter 1 cuil. à café de pâte de curry et 2 cuil. à soupe du jus de la boîte de thon. Bien délayer et maintenir la sauce au chaud.
• Mettre tout le thon et le reste du jus du thon dans un plat allant au micro-ondes, faire chauffer 3 min à puissance maximum.
• Sortir le thon, l'égoutter, le placer dans l'assiette, le napper de sauce et le servir avec les endives.

Accompagnement

Les endives constituent la part de légumes nécessaire au dîner.

Bon à savoir

Vous pouvez préparer ce thon au curry pour un repas de midi, à condition de substituer aux endives 1 bol de pâtes par personne.

Thon à la catalane

Pour 2 personnes

Préparation : 5 min
Cuisson : 15 min

INGRÉDIENTS

- **400 g de thon au naturel en boîte**
- **6 tomates**
- **100 g de poivrons surgelés (ou 1/2 poivron vert et 1/2 poivron rouge)**
- **2 cuil. à soupe d'huile d'olive**
- **1 cuil. à café d'herbes de Provence**
- **1 cuil. à café de graines de fenouil**
- **1 pincée de sel, poivre du moulin**

- Couper les poivrons en dés.
- Les faire revenir 3 min dans l'huile d'olive chaude.
- Y ajouter les tomates coupées en quatre avec les herbes de Provence, les graines de fenouil, 1 tour de moulin à poivre et la pincée de sel.
- Ajouter le thon partagé en morceaux de la taille d'une noix.
- Laisser mijoter environ 10 min.

Bon à savoir

Vous pouvez en faire plus que nécessaire pour garder le reste au réfrigérateur, car à l'apéritif des repas de fête, chacun pourra puiser à la petite cuillère dans ce plat servi très frais... C'est délicieux, surtout avec du Byrrh ou un apéritif de vin rouge breton servi frais.

Filets de tombe sur lit de tomates et céleri

Pour 2 personnes

Préparation : 10 min
Cuisson : 30 min

INGRÉDIENTS

500 à 600 g de filets de tombe
1 oignon
1 céleri en branches
4 tomates
2 cuil. à soupe d'huile d'olive
1/2 cuil. à café de graines d'aneth
1/2 cuil. à café de graines de fenouil
Sel, poivre du moulin

• Dans une sauteuse antiadhésive, faire chauffer l'huile d'olive, y faire fondre l'oignon coupé en petits dés.
• Dès que l'oignon est transparent, ajouter le céleri coupé en tronçons de 2 cm, puis les tomates coupées en huit.
• Saler, poivrer, ajouter les graines de fenouil et d'aneth
• Couvrir et laisser mijoter 30 min.
• Découvrir, poser les filets de tombe sur les légumes et laisser cuire 6 à 8 min suivant l'épaisseur des poissons.

Accompagnement

Les légumes du plat constituent la garniture.

Bon à savoir

• *On peut conserver les feuilles de céleri au congélateur, elles pourront servir à parfumer une viande en sauce.*
• *La préparation à base de tomates et céleri peut se faire la veille et se réchauffer avec la cuisson des poissons.*

Dîner

Truites à la Worcestershire sauce

Pour 2 personnes

Préparation : 15 min
Cuisson : 25 min

INGRÉDIENTS

2 belles truites
Worcestershire sauce
1 grosse échalote hachée
15 g de beurre
1 cuil. à soupe et 1 cuil. à café d'huile d'olive
Sel, poivre du moulin

• Demander à votre poissonnier de vider les truites.
• Laver les truites, enlever soigneusement toutes les traces de sang à l'intérieur et les essuyer avec du papier absorbant.
• Saler, poivrer et enduire l'intérieur des truites de Worcestershire sauce.
• Dans une grande poêle antiadhésive, faire chauffer 1 cuil. à soupe d'huile d'olive, y déposer les poissons et laisser cuire 7 à 8 min sur chaque face suivant l'épaisseur.
• Faire fondre le beurre dans une casserole ou au micro-ondes.
• Dans une petite poêle antiadhésive, faire chauffer 1 cuil. à café d'huile d'olive, y faire fondre l'échalote et ajouter 3 traits de Worcestershire sauce et le beurre fondu.
• Servir les truites bien chaudes, enlever leur peau dans l'assiette et napper les avec la sauce.

Accompagnement
1 bol chinois de ratatouille (voir p. 279).

Bon à savoir
Au déjeuner, on accompagnera ce plat de 2 pommes de terre à la vapeur par personne. Attention cependant à ne pas prendre ce plat un jour de grosse dépense physique dans l'après-midi, vous risqueriez d'avoir envie de goûter beaucoup trop tôt !

Truite de mer aux rondelles de céleri-rave sautées

Pour 2 personnes

Préparation : 15 min
Cuisson : 20 min

INGRÉDIENTS

600 g de filets de truite de mer sans la peau
1/2 boule de céleri-rave
20 g de beurre
1 échalote hachée
1 cuil. à café d'huile d'olive
3 cuil. à café d'aneth
Sel, poivre du moulin

- Après avoir épluché, lavé et séché le céleri, le couper en rondelles d'1/2 cm d'épaisseur et du diamètre d'une pomme de terre moyenne.
- Dans une sauteuse à feu moyen, faire fondre le beurre et y mettre à sauter les rondelles de céleri-rave environ 15 min. Elles doivent être cuites mais encore fermes.
- Dans une grande poêle antiadhésive, mettre à chauffer l'huile d 'olive. Y faire fondre l'échalote, sans la laisser prendre couleur.
- Ajouter les filets de truite.
- Saler, poivrer, saupoudrer largement d'aneth et laisser cuire 3 min.
- Retourner les truites, assaisonner à nouveau de la même façon et laisser cuire encore 2 min.

Accompagnement

Le céleri-rave constitue la garniture du plat.

Bon à savoir

- *Si les filets ont encore leur peau, pour l'enlever facilement, poser le côté peau sur une poêle antiadhésive bien chaude. Retourner au bout d'1 min, la peau viendra toute seule.*
- *On pourra manger ces truites à midi accompagnées d'1 bol chinois par personne de purée de pommes de terre (voir p. 128) parsemée de gruyère râpé et gratinée au four.*

Dîner

Filets de truite et de julienne sur étuvée de chou rouge aux pommes

Pour 2 personnes

Préparation : 5 min
Cuisson : 35 min

Ingrédients

300 g de truite de mer en filets
300 g de julienne en filets
Quelques dés de saumon fumé
200 g de chou rouge émincé
1 pomme fruit
30 g de beurre
Sel, poivre du moulin

- Éplucher et couper la pomme en dés.
- Couper le chou rouge en tranches d'1 cm maximum de large.
- Dans une cocotte, faire fondre 15 g de beurre, y ajouter 10 cl d'eau, disposer le chou rouge et les dés de pomme. Faire cuire 30 min à petit feu.
- Pendant ce temps, faire chauffer 15 g de beurre dans une poêle, dès qu'il est chaud y déposer les filets de poisson. Saler et poivrer, les retourner au bout de 3 min. Laisser cuire à nouveau 3 min.
- Dès qu'ils sont cuits, servir avec le chou rouge que l'on aura parsemé de saumon fumé.

Accompagnement
Les légumes du plat constituent la garniture.

Bon à savoir
C'est un plat du soir mais, on le sait, les truites peuvent se manger le midi, par exemple si la journée n'est pas trop active, en prenant soin de les accompagner d'1 bol chinois de pommes de terre gratinées.

Filets de poisson sauce aux poivrons

Pour 2 personnes

Préparation : 10 min
Cuisson : 30 min

INGRÉDIENTS

500 g de filets de cabillaud ou de julienne
250 g de poivrons (1 gros poivron vert et 2 rouges)
1 oignon
1 gousse d'ail
20 cl de bouillon de volaille
2 cuil. à soupe d'huile d'olive
30 g de beurre
Paprika
Sel, poivre du moulin

• Éplucher les poivrons avec un couteau économe, ôter les pépins, les côtes intérieures et les couper en dés.
• Éplucher l'oignon et le couper en dés.
• Dans une sauteuse, faire chauffer l'huile d'olive et y faire revenir les dés d'oignon.
• Quand ils sont transparents, ajouter l'ail écrasé débarrassé de son germe et les dés de poivrons, verser 20 cl de bouillon de volaille, saler modérément car le bouillon est déjà salé, poivrer et faire cuire 15 min. À la fin de la cuisson, il ne doit rester que très peu de liquide dans la préparation.
• Mixer alors le tout afin d'obtenir une purée très fine, puis ajouter progressivement le beurre coupé en parcelles, tout en fouettant la préparation.
• Dans le même temps, saler les poissons, les saupoudrer de paprika et faire cuire à la vapeur pendant 10 à 15 min à feu modéré et à découvert.
• Mettre les poissons dans 2 assiettes et verser dessus la sauce.

Accompagnement

Les poivrons constituent la garniture

Bon à savoir

• *Pour ne pas pleurer, on coupera l'oignon de haut en bas, c'est-à-dire de la tige vers la racine.*
• *Vous pouvez utiliser 250 g de dés de poivrons rouges et verts surgelés.*

Dîner

Lapin à la moutarde et au porto en papillote

Pour 2 personnes

Préparation : 10 min
Cuisson : 1 h 30

INGRÉDIENTS

2 cuisses de lapin
2 cuil. à soupe de moutarde forte de Dijon
2 cuil. à soupe de moutarde à l'ancienne
3 cuil. à soupe de porto
2 cuil. à soupe de madère
2 feuilles de laurier
4 branches de thym
2 branches de romarin
4 feuilles de sauge
2 branches de persil
Sel, poivre du moulin

MATÉRIEL

2 rectangles de 40 cm de papier aluminium

- Préchauffer le four à 180 °C (th. 5-6).
- Sur chaque feuille de papier aluminium, saler, poivrer et poser 1 branche de thym, 1/2 feuille de laurier et 1 feuille de sauge.
- Tartiner largement les cuisses de lapin de moutarde forte d'un côté et de moutarde à l'ancienne de l'autre.
- Déposer les cuisses moutardées sur chaque feuille, saler, poivrer.
- Replier les feuilles d'aluminium en formant une cuvette, verser 1 cuil. à soupe et demie de porto et 1 cuil. à soupe de madère dans chaque papillote.
- Recouvrir avec le reste d'herbes et fermer hermétiquement les feuilles de papier aluminium en laissant un maximum d'air à l'intérieur.
- Mettre au four pendant 1 h 30, sortir et déposer dans les assiettes en perçant le papier aluminium pour bien faire sentir le parfum de Provence.

Accompagnement

1/2 bol chinois de purée de céleri (voir p. 267) et 1/2 bol chinois de purée de carottes (voir p. 266).

Bon à savoir

Vous pouvez servir ce plat au déjeuner, à condition de doubler la quantité de lapin car ce n'est pas une viande très nourrissante et de l'accompagner d'1 bol chinois de tagliatelles.

Lapin à la provençale

Pour 2 personnes

Préparation : 15 min
Cuisson : 50 min

INGRÉDIENTS

2 belles cuisses de lapin
2 cuil. à soupe d'huile d'olive
1 échalote
6 tomates
1/2 bouquet de basilic frais ou 1 grosse cuil. à soupe de basilic surgelé ou lyophilisé
1 gousse d'ail débarassée de son germe
Sel, poivre du moulin

• Dans une sauteuse ou une cocotte, faire chauffer l'huile d'olive, y faire dorer les cuisses sur chaque face.
• Ajouter l'échalote hachée, la gousse d'ail écrasée et les tomates coupées en quatre.
• Saler, poivrer et parsemer de basilic haché dont on aura gardé quelques feuilles, s'il est frais.
• Couvrir la sauteuse et faire cuire 45 min à feu doux.
• Servir dans un plat chaud. Couper grossièrement les feuilles de basilic restantes sur le dessus du plat.

Accompagnement
Les légumes du plat constituent la garniture.

Bon à savoir
Dans cette recette, le lapin cuit avec ses légumes. Il est donc réservé pour un repas du soir. En revanche, un petit reste de lapin pourra faire partie d'un plat du midi qu'on accompagnera de pommes de terre sautées (voir p. 131).

Lapin au citron

Pour 2 personnes

Préparation : 10 min
Cuisson : 1 h 10

INGRÉDIENTS

2 grosses cuisses de lapin
3 cuil. à soupe de farine
2 cuil. à soupe d'huile d'olive
3 gousses d'ail entières epluchées
1 citron
20 cl de vin blanc
1 branche de thym
1/2 feuille de laurier
Sel, poivre au moulin

- Rouler les cuisses de lapin dans la farine et faire chauffer l'huile d'olive dans une poêle anti-adhésive à fond épais.
- Quand elle est chaude, faire dorer les cuisses sur les deux faces, puis ajouter le vin blanc, les gousses d'ail et le citron coupé en tranches de 1 cm d'épaisseur.
- Laisser cuire 5 min et ajouter 30 cl d'eau chaude.
- Saler, poivrer, ajouter le thym et le laurier.
- Laisser mijoter à feu doux pendant 1 h et servir.

Accompagnement

250 g de brocolis au total

Bon à savoir

Vous pouvez servir ce plat au déjeuner en ajoutant 1 petite cuisse de lapin par personne et en accompagnant d'1 bol chinois de purée de pommes de terre (voir p. 128) par personne.

Cuisses de lapin au vinaigre de miel

Pour 2 personnes

Préparation : 5 min
Cuisson : 55 min

INGRÉDIENTS

- **2 cuisses de lapin**
- **2 échalotes hachées**
- **4 cuil. à soupe de vinaigre de miel**
- **2 cuil. à soupe d'huile d'olive**
- **1 branche de thym**
- **1/2 feuille de laurier**
- **Sel, poivre du moulin**

• Dans une cocotte, faire chauffer l'huile et y faire dorer les cuisses de lapin sur toutes les faces, à feu vif.
• Quand elles sont bien dorées, baisser le feu, ajouter les échalotes et dès qu'elles sont translucides, verser le vinaigre.
• Laisser réduire, saler, poivrer, déposer le thym et le laurier, ajouter 1/2 verre d'eau.
• Couvrir, laisser cuire pendant 45 min à feu moyen.
• Surveiller l'évaporation et rajouter un peu d'eau s'il le faut.
• Servir sur des assiettes chaudes.

Accompagnement

2 endives braisées de taille moyenne par personne (voir p. 273).

Bon à savoir

On pourra manger ce lapin à midi en ajoutant 1 cuisse par personne. On l'accompagnera d'1 bol chinois de frites par personne.

Fricassée de lapin aux petits légumes safranés

Pour 4 personnes

Préparation : 20 min
Cuisson : 45 min

INGRÉDIENTS

8 morceaux de râble de lapin (800 g)
300 g de lardons
4 fonds d'artichauts
300 g de haricots verts
200 g de champignons
1/2 chou-fleur
1/2 concombre
3 tomates
1 à 2 citrons
2 cuil. à soupe d'huile d'olive
2 piments oiseaux
1 cuil. à soupe de farine
1 cube et demi de concentré de volaille
1 pincée de safran
1 feuille de laurier
1 clou de girofle
Sel, poivre du moulin

• Éplucher le concombre. Peler les tomates.
• Détailler le chou-fleur en bouquets, le concombre en gros dés, les champignons en lamelles (les citronner), les tomates en quatre, les fonds d'artichauts en quatre (les citronner).
• Dans une cocotte, faire chauffer l'huile d'olive, y faire rissoler les lardons auxquels on ajoutera le safran, les piments, le laurier et le clou de girofle.
• Quand les lardons sont dorés, ajouter les morceaux de lapin que l'on fera également dorer.
• Saler, poivrer et saupoudrer de farine.
• Cuire environ 2 min en remuant.
• Dissoudre le concentré de volaille dans 1/2 litre d'eau bouillante et le verser dans la cocotte, amener à ébullition.
• Ajouter les fonds d'artichauts, les haricots verts, les champignons, le chou-fleur.
• Laisser cuire 10 min, puis ajouter les dés de concombre et les tomates, cuire encore 10 min après la reprise de l'ébullition.
• À l'aide d'une écumoire, disposer le lapin et les légumes dans un plat creux.
• Faire réduire à feu vif la sauce restant dans la cocotte jusqu'à ce qu'elle soit onctueuse.
• Vérifier l'assaisonnement et verser sur le lapin et les légumes.
• Servir bien chaud.

Accompagnement

Les légumes du plat constituent la garniture.

Bon à savoir

On peut faire un chou-fleur entier et réserver l'autre moitié pour réaliser une recette toute simple de cuisses de poulet au chou-fleur le lendemain soir.

Dîner

Cuisses de lapin au céleri et à l'anis vert

Pour 2 personnes

Préparation : 10 min
Cuisson : 45 à 60 min

INGRÉDIENTS

- **2 grosses cuisses de lapin**
- **1/2 céleri branche**
- **2 cuil. à soupe d'huile d'olive**
- **1 cuil. à soupe de graines d'anis vert**
- **Sel, poivre du moulin**

• Éplucher le céleri, le laver et le couper en dés.
• Faire chauffer l'huile d'olive dans une sauteuse à feu vif pour y faire dorer les cuisses de lapin de chaque côté.
• Quand elles sont bien dorées, baisser le feu.
• Ajouter les dés de céleri, saler, poivrer et parsemer de graines d'anis vert.
• Couvrir et laisser cuire à feu doux entre 45 et 60 min.

Bon à savoir

• *Ce plat peut se préparer la veille et se réchauffer le jour même, il sera tout aussi bon !*
• *Pour pouvoir manger ce plat à midi, réduisez le céleri à 1/2 branche pour 2 personnes et ajoutez 1 petite cuisse de lapin et 1 grosse pomme de terre par personne*

Gésiers d'oie confits aux pommes

Pour 2 personnes

Préparation : 10 min
Cuisson : 13 min

Ingrédients

- **400 g de gésiers d'oie confits**
- **2 pommes reinettes ou autres pommes tenant bien à la cuisson**
- **15 g de beurre**

• Éplucher les pommes, les couper en quartiers et ôter les pépins. Recouper chaque quartier en 2 ou en 3 suivant la grosseur des fruits.
• Faire chauffer le beurre dans une poêle anti-adhésive, y faire dorer les morceaux de pommes pendant 4 min, les retourner et laisser cuire à feu doux environ 3 à 4 min.
• Pendant que les pommes cuisent, ouvrir la boîte de gésiers et les mettre dans un récipient couvert allant au micro-ondes pour éviter les projections.
• Faire chauffer 5 min à puissance moyenne, le but étant uniquement de réchauffer. On peut également les réchauffer à la poêle.
• Sortir les gésiers, les égoutter et les poser au centre d'une assiette chaude, entourés d'une couronne de pommes cuites.

Accompagnement
Les pommes constituent la garniture.

Bon à savoir
Vous pouvez servir ces gésiers le midi avec 1 cuisse de canard par personne en remplaçant les pommes par 1 bol chinois de pommes de terre sarladaises.

Salade de gésiers et haricots verts au vinaigre de framboise

Pour 2 personnes

Préparation : 15 min
Cuisson : 25 min

INGRÉDIENTS

- **400 g environ de gésiers de volaille en bocal ou surgelés**
- **10 petits lardons environ**
- **250 g de haricots verts**
- **1/2 poivron rouge**
- **2 tomates**
- **1 cuil. à soupe de vinaigre de framboise**
- **2 cuil. à soupe d'huile d'olive**
- **8 à 10 feuilles de basilic**
- **Ciboulette**
- **Sel, poivre du moulin**

• Faire cuire 10 à 15 min à l'eau salée les haricots verts, les égoutter.
• Les disposer dans le fond de chaque assiette.
• Éplucher au couteau économe le quart d'1 poivron rouge (la peau est indigeste). Le couper en petits dés. En parsemer les haricots.
• Couper chaque tomate en huit morceaux. Les disposer autour des haricots.
• Hacher grossièrement aux ciseaux le basilic et ciseler la ciboulette.
• Préparer la vinaigrette : dans un bol, mettre 1 pincée de sel, 1 tour de moulin à poivre et le vinaigre. Mélanger en versant progressivement l'huile.
• Faire réchauffer les gésiers dans une poêle antiadhésive à feu doux.
• Dans une poêle antiadhésive, faire dorer les lardons.
• Égoutter les gésiers, les poser sur du papier absorbant pour en enlever le gras.
• Les poser sur les haricots avec les lardons bien dorés.
• Arroser de vinaigrette, parsemer avec les herbes et saupoudrer de poivre.

Sauté de dindonneau et ses légumes

Pour 2 personnes

Préparation : 15 min
Cuisson : 45 min

INGRÉDIENTS

300 à 400 g de sauté de dindonneau
1 branche de céleri
1 gros oignon émincé
2 tomates
4 belles carottes
1 gousse d'ail écrasée sans le germe
1 cuil. à café bombée de farine
1 cuil. à soupe de vermouth blanc ou vin blanc fruité
1/2 cuil. à soupe d'huile d'olive
1 feuille de laurier
1 branche de thym
4 feuilles de sauge
4 cuil. à soupe d'eau
Sel, poivre du moulin

• Émincer l'oignon en tranches fines, couper les tomates en huit, éplucher et couper les carottes en rondelles, couper le céleri en tronçons.
• Dans une cocotte à fond épais, faire revenir l'oignon émincé dans l'huile d'olive en remuant pour qu'il ne prenne pas couleur.
• Débarrasser dans une assiette.
• Faire dorer les morceaux de dindonneau dans la cocotte, remettre les oignons, ajouter les carottes, le céleri, les tomates, les herbes, l'ail, la farine, l'eau et le vermouth. Saler, poivrer.
• Laisser mijoter 40 min à couvert.

Accompagnement

Les légumes du plat constituent la garniture.

Bon à savoir

Ce sauté de dindonneau peut se manger le midi, à condition d'ajouter 100 g de viande par personne car c'est une viande légère. On gardera les légumes pour accompagner un repas du soir et on les remplacera par 1 bol chinois de purée de pommes de terre (voir p. 128).

Escalopes de dinde à l'aneth et tomates au piment de Cayenne

Pour 2 personnes

Préparation : 10 min
Cuisson : 45 min

INGRÉDIENTS

- **400 g d'escalopes de dinde**
- **2 cuil. à soupe d'huile d'olive**
- **1 poivron**
- **8 petites tomates**
- **1 cuil. à café rase de sucre en poudre**
- **1 cuil. à café de graines d'aneth**
- **3 à 4 feuilles d'aneth (fraîches ou sèches)**
- **1 pincée de piment de Cayenne**
- **Sel, poivre du moulin**

• Peler les tomates en les plongeant 15 s dans l'eau bouillante. Les couper en huit morceaux.
• Éplucher le poivron avec un couteau économe et le couper en tout petits dés.
• Dans une sauteuse, faire chauffer 1 cuil. d'huile d'olive, y mettre à cuire les tomates et le poivron.
• Saler, poivrer, ajouter le sucre en poudre, les graines d'aneth et la pincée de poivre de Cayenne.
• Couvrir et laisser mijoter à feu doux au moins 30 min.
• 10 min avant la fin de la cuisson, mettre dans une poêle 1 cuil. à soupe d'huile d'olive. Dès qu'elle est chaude, saisir les escalopes de chaque côté puis baisser le feu.
• Saler, poivrer et parsemer de feuilles d'aneth.
• Laisser cuire 5 min de chaque côté
• Servir les escalopes sur le lit de tomates et poivrons dans 2 assiettes chaudes.

Accompagnement
Les légumes du plat constituent la garniture.

Escalopes de dinde au gingembre et à la noix de coco

Pour 2 personnes

Préparation : 10 min
Cuisson : 8 min

INGRÉDIENTS

400 g d'escalopes de dinde
1 jaune d'œuf
1 cuil. à café bombée de gingembre frais râpé
30 g de noix de coco râpée
1 cuil. à soupe d'huile d'olive
15 g de beurre
Sel, poivre du moulin

• À l'aide d'une fourchette, battre dans une assiette le jaune d'œuf avec 1 cuil. à café d'eau froide, puis saupoudrer avec le gingembre.
• Dans une deuxième assiette, verser la noix de coco râpée.
• Mettre à chauffer l'huile et le beurre dans une poêle antiadhésive.
• Rouler les escalopes dans le jaune d'œuf au gingembre, puis dans la noix de coco et les déposer dans la poêle.
• Saisir à feu vif, saler, poivrer et laisser cuire à feu doux 3 min de chaque côté.

Accompagnement
1 petit bol chinois de brocolis arrosés d'un filet de jus de citron.

Bon à savoir
On pourra servir ce plat le midi en ajoutant 100 g de dinde par personne qu'on accompagnera d'1 petit bol chinois de riz par personne.

Émincé de dinde parfumé à l'anis, au céleri et au fenouil

Pour 2 personnes

Préparation : 10 min
Cuisson : 35 min

INGRÉDIENTS

400 g d'escalopes de dinde
2 bulbes de fenouil (1 gros ou 2 petits)
1/2 pied de céleri en branches
2 cuil. à soupe d'huile d'olive
1 cuil. à soupe d'apéritif anisé
1/2 cuil. à café de graines d'aneth
Sel, poivre du moulin

- Émincer les escalopes de dinde.
- Couper le céleri en tronçons de 2 cm environ.
- Couper les bulbes de fenouil en dés.
- Dans une sauteuse ou une cocotte, faire chauffer l'huile d'olive et y verser directement l'émincé de dinde pour le faire dorer, qu'il soit frais ou congelé.
- Lorsque les morceaux sont dorés de tous les côtés, ajouter le céleri et le fenouil.
- Compléter avec les épices, saler et poivrer.
- Verser l'apéritif anisé dans 10 cl d'eau et l'ajouter à la préparation.
- Couvrir et laisser cuire à feu moyen pendant 30 min.
- Servir sur 2 assiettes chaudes.

Accompagnement
Les légumes du plat constituent la garniture.

Magret de canard aux brocolis et sauce anchois

Pour 2 personnes

Préparation : 10 min
Cuisson : 20 min

INGRÉDIENTS

1 magret de canard
250 g de brocolis
2 cuil. à soupe d'anchoïade provençale
1 cuil. à café de crème fraîche
Gros sel de Guérande, poivre du moulin

• Préparer la sauce : mélanger 2 cuil. à soupe d'anchoïade et 1 cuil. à café de crème fraîche dans un petit bol. Chauffer ce mélange à la casserole ou 1 min au four à micro-ondes.
• Inciser la peau du magret en quadrillage, le placer côté peau sur une poêle bien chaude, parsemer l'autre face du magret de gros sel de Guérande et poivrer.
• Couvrir la poêle d'un couvercle anti-projection pour éviter les éclaboussures de graisse et laisser cuire 5 min.
• Retourner le magret, baisser la source de chaleur et cuire encore 2 à 3 min suivant son goût.
• Faire bouillir une casserole d'eau salée, y plonger les brocolis séparés en petits bouquets.
• Maintenir l'ébullition pendant 3 min, les sortir, les égoutter et les disposer autour du magret sur le plat de service.
• On servira la sauce à part.

Accompagnement
Les brocolis du plat constituent la garniture.

Bon à savoir
• *L'anchoïade provençale s'achète toute faite en grande surface.*
• *Ce plat peut se manger le soir avec ses brocolis, mais peut également se manger le midi à raison d'1 magret par personne accompagné d'1 bol chinois de semoule.*

Escalopes de veau au citron et au paprika

Pour 2 personnes

Préparation : 5 min
Cuisson : 10 min

INGRÉDIENTS

300 g d'escalopes de veau
1 citron (jus)
1 échalote
2 cuil. à soupe d'huile d'olive
1 cuil. à café de paprika
Sel

• Dans une poêle antiadhésive, faire fondre l'échalote hachée dans l'huile d'olive. Ajouter le jus du citron.

• Quand elle commence à prendre couleur, ajouter les escalopes, les saupoudrer de paprika, saler et laisser cuire 5 min. Les retourner, les saupoudrer à nouveau de paprika et terminer la cuisson pendant 5 min environ suivant l'épaisseur de la viande.

Accompagnement

Servez avec 2 endives braisées (voir p. 273) ou 2 fonds d'artichauts (voir p. 262) par personne.

Bon à savoir

Si vous voulez servir ce plat au déjeuner, utilisez 500 g d'escalopes de veau. En garniture, on ajoutera du riz qu'on parfumera au moment de servir avec le zeste d'1/2 citron râpé.

Rôti de veau en cocotte

Pour 4 personnes

Préparation : 15 min
Cuisson : 1 h 45

INGRÉDIENTS

1 kg de quasi ou d'épaule de veau bardé et ficelé
2 carottes
1 oignon
2 gousses d'ail
2 cuil. à soupe d'huile d'olive
1 cuil. à soupe de farine
20 cl de bouillon instantané
10 cl de vin blanc
1 branche de thym
1 feuille de laurier
2 brins de persil
1 cuil. à café de marjolaine (origan)
1 branche de romarin
Sel, poivre du moulin

- Éplucher les carottes, les couper en rondelles.
- Peler et émincer l'oignon.
- Dans une cocotte, faire chauffer l'huile d'olive, y faire dorer le rôti.
- Ajouter l'oignon, les carottes, les herbes aromatiques, les gousses d'ail débarrassées de leur germe. Mouiller avec le vin blanc et le bouillon. Saler et poivrer.
- Porter à ébullition, baisser le feu pour maintenir une petite ébullition. Couvrir et laisser mijoter 1 h 30.
- Quand il est cuit, sortir le rôti. Faire réduire le jus de cuisson sur feu vif.
- Découper le rôti, enlever les herbes et les gousses d'ail de la cocotte. Verser le jus de cuisson et les légumes dans une saucière chaude pour accompagner le plat.

Accompagnement

Servez avec 1 bol chinois de haricots verts par personne.

Bon à savoir

- *Le soir, 1 tranche de 120 à 130 g par personne suffira largement.*
- *Au déjeuner, servez 250 à 300 g de viande et 1 bol chinois de pâtes par personne.*

Dîner

Poulet au citron et à la fondue d'endives

Pour 2 personnes

Préparation : 10 min
Cuisson : 30 min

INGRÉDIENTS

300 à 400 g de blanc de poulet
2 endives
2 citrons (jus)
30 g de beurre
1 cuil. à café de sucre en poudre
Sel, poivre du moulin

• Éplucher les endives et les couper en lamelles d'1 cm. Dans une sauteuse, faire fondre 15 g de beurre.
• Jeter les endives coupées dans le beurre chaud.
• Saupoudrer de sucre, de sel et de poivre.
• Ajouter 2 cuil. à café de jus de citron.
• Laisser cuire à feu doux jusqu'à ce que les endives soient transparentes en prenant soin de remuer régulièrement pour éviter qu'elles ne brunissent et qu'elles n'attachent au plat.
• Dans une poêle, faire fondre 15 g de beurre sans le laisser brunir, à feu vif, y poser les escalopes pour les saisir.
• Baisser le feu, saler et poivrer légèrement.
• Retourner les escalopes, saler, poivrer à nouveau et verser le jus d'1 citron.

Accompagnement
Les endives constituent la garniture.

Poulet à la sauce au lait de coco et curry

Pour 2 personnes

Préparation : 15 min
Cuisson : 30 min

INGRÉDIENTS

2 cuisses de poulet
200 g de carottes coupées en rondelles
6 cuil. à soupe de lait de coco
1 cuil. à soupe de curry Madras
Sel, poivre du moulin

• Dans une sauteuse ou une cocotte, antiadhésives de préférence, faire rissoler les morceaux de poulet côté peau puis les retourner pour qu'ils soient bien rissolés des deux côtés.
• Les placer ensuite en réserve dans une assiette pour pouvoir débarrasser la sauteuse de l'excédent de graisse puis les remettre dans celle-ci.
• Incorporer le curry au lait de coco et en arroser les morceaux de poulet, saler, poivrer et laisser cuire à feu moyen environ 30 min.
• Pendant ce temps, mettre les carottes dans une casserole, les recouvrir d'eau, saler, porter à ébullition, laisser cuire 20 min et vérifier la cuisson en les goûtant (le temps de cuisson varie suivant la grosseur et la maturité des carottes). Les égoutter.
• Lorsqu'elles sont bien égouttées, ajouter les carottes au poulet et remuer pour les enrober de sauce avant de servir.

Accompagnement
Les carottes constituent une garniture suffisante

Bon à savoir
Au déjeuner, remplacez les carottes par du riz pilaf (voir p. 134). N'oubliez pas d'ajouter 1 petite cuisse par personne.

Poulet au thym

Pour 2 personnes

Préparation : 5 min
Cuisson : 5 à 6 min

Ingrédients

- **400 g d'escalopes de poulet**
- **30 g de beurre**
- **1/2 citron (jus)**
- **1 cuil. à café de thym effeuillé**
- **Sel, poivre du moulin**

• Dans une poêle, faire fondre le beurre sans le laisser brunir
• Pendant ce temps, rouler les escalopes dans le thym.
• Les déposer dans la poêle, saler et poivrer.
• Laisser cuire 3 min d'un côté.
• Presser 1/2 citron dessus et les retourner pour finir de les cuire 2 à 3 min suivant leur épaisseur.

Accompagnement

1 bol chinois de carottes sautées par personne.

Bon à savoir

Pour servir ce plat à midi, roulez les escalopes dans 1 jaune d'œuf battu à la fourchette, puis dans le thym et enfin dans 1 cuil à soupe de farine. Le reste de la recette est identique Accompagnez d'une purée de pommes de terre (voir p. 128).

Poulet à l'oseille et au lait de coco

Pour 2 personnes

Préparation : 5 min
Cuisson : 25 min

INGRÉDIENTS

250 à 300 g d'escalopes de poulet
1 petite botte d'oseille
10 cl de lait de coco
15 g de beurre
Sel, poivre du moulin

- Dans une poêle antiadhésive, mettre le beurre à fondre et faire dorer à feu vif les escalopes de poulet sur les deux faces, saler, poivrer.
- Baisser le feu et les laisser cuire environ 10 min, puis les mettre en réserve sur une assiette.
- Nettoyer l'oseille, la faire fondre dans la poêle en la remuant avec une cuillère en bois. Quand elle devient vert foncé, elle est cuite.
- Ajouter alors le lait de coco, délayer le tout, saler, poivrer et remettre les escalopes de poulet dans la poêle pour les rechauffer.
- Servir dès qu'elles sont chaudes.

Accompagnement

Les légumes du plat constituent la garniture

Poulet aux mirabelles

Pour 2 personnes

Préparation : 5 min
Cuisson : 45 min

INGRÉDIENTS

2 cuisses de poulet
40 g de petits lardons
4 cuil. à soupe de vin blanc
8 mirabelles
2 cuil. à soupe de moutarde forte de Dijon
Sel, poivre du moulin

• Dans une sauteuse antiadhésive bien chaude, déposer les cuisses côté peau, laisser dorer pendant 5 min à feu vif, les retourner, baisser le feu.
• Au bout de 5 min, enlever les cuisses pour les déposer sur un papier absorbant.
• Enlever la graisse de la sauteuse, la remettre sur le feu et y faire dorer les lardons.
• Pendant ce temps, enduire de moutarde les cuisses côté viande, saler, poivrer, puis les remettre dans la sauteuse avec les lardons.
• Ajouter le vin blanc puis les mirabelles et laisser cuire à couvert pendant 30 min.

Accompagnement
Servir avec 120 g de brocolis par personne.

Bon à savoir
Vous pouvez remplacer la moutarde forte de Dijon par toutes sortes de moutardes aromatisées que l'on trouve dans le commerce comme la moutarde au basilic et au vin blanc.

Cuisses de poulet au chou-fleur

Pour 2 personnes

Préparation : 10 min
Cuisson : 35 à 40 min

INGRÉDIENTS

- **2 cuisses de poulet**
- **1/2 chou-fleur**
- **2 cuil. à soupe de vinaigre de miel**
- **1 cuil. à café de fleur de sel de Guérande**
- **1 grosse cuil. à soupe de gros sel**
- **Poivre du moulin**

• Dans une sauteuse antiadhésive, poser les cuisses de poulet côté peau. Saler avec la fleur de sel de Guérande, poivrer.
• Couvrir, laisser cuire à feu moyen et, au bout de 10 min, retourner les cuisses de poulet en les arrosant avec le vinaigre de miel. Couvrir et poursuivre la cuisson 10 min.
• Pendant ce temps, faire bouillir une casserole d'eau, bien salée au gros sel.
• Quand l'eau bout, jeter le chou-fleur séparé en petits bouquets.
• Laisser cuire 15 min, égoutter le chou-fleur et le joindre aux cuisses de poulet dans la sauteuse.
• Laisser cuire le tout encore 3 à 4 min en remuant pour que le légume dore et se gorge de la sauce du poulet.
• Servir sur des assiettes chaudes.

Accompagnement

Le chou-fleur constitue la garniture du plat.

Bon à savoir

Au déjeuner, servez 2 cuisses de poulet par personne. Au bout de 15 min, ajouter 2 bols chinois de pommes de terre sautées précuites dans la poêle et laisser cuire 10 à 15 min.

Dîner

Cuisses de poulet au vinaigre

Pour 2 personnes

Préparation : 15 min
Cuisson : 30 à 35 min

Ingrédients

2 cuisses de poulet
4 carottes
10 petits oignons grelots
1 grosse échalote
1 gousse d'ail
5 cl de vinaigre de vin (ou vinaigre de xérès)
1 cuil. à soupe de concentré de tomate
1 cuil. à café de moutarde forte de Dijon
1 cuil. à café de farine
20 g de beurre
15 cl de crème
Sel, poivre du moulin

• Émincer en tranches fines l'échalote. Couper les carottes en rondelles.

• Dans une cocotte, faire fondre le beurre, y faire revenir les cuisses de poulet, saler et poivrer.

• Lorsque les morceaux sont dorés des deux côtés ajouter les échalotes, les carottes, la gousse d'ail en chemise, (c'est-à-dire avec sa peau) et les 10 oignons grelots.

• Couvrir la cocotte et faire cuire pendant 10 min.

• Verser la moitié du vinaigre, couvrir à nouveau et poursuivre la cuisson pendant 10 à 15 min suivant la taille des morceaux de poulet.

• Sortir les morceaux de volaille de la cocotte et ajouter le reste du vinaigre.

• Dans un petit bol, mélanger la farine, la moutarde et le concentré de tomate avec 3 cuil. à soupe d'eau. Verser le mélange dans la cocotte et bien remuer.

• Continuer la cuisson pendant 5 min.

• Ajouter la crème et la faire épaissir pendant 2 à 3 min en veillant à bien remuer.

• Remettre les cuisses de poulet pour les réchauffer avant de servir le tout.

Accompagnement

Les légumes du plat constituent la garniture.

Bon à savoir

On peut préparer ce plat pour le midi, à condition de ne mettre que 2 carottes et d'ajouter 2 grosses pommes de terre ou 4 petites. On ajoutera également 1 petite cuisse de poulet par personne.

Poule au pot à ma façon

Pour 2 personnes

Dîner

Préparation : 15 min
Cuisson : 45 min

INGRÉDIENTS

2 belles cuisses de poulet
3 cuil. à café de fond de veau déshydraté
40 cl d'eau chaude
2 carottes coupées en rondelles
2 cuil. à soupe de petits pois surgelés
2 cuil. à soupe de haricots verts surgelés
6 choux de Bruxelles surgelés
1 petit oignon
1 clou de girofle
2 cuil. à café de feuilles de thym
1 feuille de laurier
Sel de Guérande, poivre du moulin

- Couper les carottes en rondelles. Éplucher et émincer l'oignon.
- Délayer le fond de veau dans 40 cl d'eau chaude.
- Dans une cocotte, placer le poulet, le clou de girofle, le thym, le laurier et verser dessus le fond de veau.
- Ajouter les carottes, les petits pois et l'oignon. Saler légèrement.
- Porter à ébullition et dès qu'elle est atteinte, baisser le feu jusqu'à frémissement et laisser mijoter pendant 20 min.
- Ajouter ensuite les haricots verts et les choux de Bruxelles.
- Laisser mijoter 15 min.
- Servir sur des assiettes chaudes, accompagnées de moutarde, de gros sel de Guérande et de cornichons.

Accompagnement

Les légumes du plat constituent la garniture.

Bon à savoir

Ce plat du soir pourra se préparer le midi. Pour cela, on ajoutera 1 cuisse de poulet par personne et on modifiera la proportion de certains légumes : 4 cuil. à soupe de petits pois, 2 choux de Bruxelles, 1 carotte.

Petites côtes de porc au curry

Pour 2 personnes

Préparation : 10 min
Cuisson : 20 min

INGRÉDIENTS

- **4 petites côtes premières de porc**
- **1 oignon haché**
- **1 cuil. à soupe d'huile d'olive**
- **3 cuil. à soupe de vin blanc**
- **3 cuil. à soupe d'eau**
- **1 noix de pâte de curry**
- **Sel, poivre du moulin**

• Dans une poêle antiadhésive, faire chauffer l'huile d'olive, y faire fondre l'oignon haché, ajouter la noix de pâte de curry. Déposer les côtes de porc, saler, poivrer.

• Saisir les côtes à feu vif des deux côtés, puis baisser le feu et laisser cuire 10 à 12 min sur chaque face.

• Dès que les côtes sont cuites, verser le contenu de la poêle dans les assiettes chaudes

• Verser dans la poêle le vin blanc et 3 cuil. à soupe d'eau pour la déglacer et obtenir une sauce dont on arrosera généreusement les côtes.

Accompagnement

120 g de brocolis par personne

Bon à savoir

Vous pouvez manger ce plat le midi en ajoutant 1 côte de porc par personne et en accompagnant le tout d'1 bol chinois de riz par personne.

Grillades de porc au curry et céleri-rave

Pour 2 personnes

Préparation : 10 min
Cuisson : 15 à 20 min

INGRÉDIENTS

2 grillades de porc de 200 g
250 g de céleri-rave
1 petit oignon
1 cuil. à café d'huile d'olive
1 cuil. à café de fond de volaille
1 cuil. à café de pâte de curry
Sel, poivre du moulin

• Peler le céleri-rave à l'aide d'un couteau économe et le détailler en petits dés.
• Plonger les morceaux de céleri-rave dans une grande quantité d'eau bouillante, saler et laisser cuire 10 min. Les égoutter.
• Dans une casserole, faire chauffer l'huile d'olive puis y faire fondre l'oignon émincé très finement, sans qu'il prenne couleur.
• Ajouter 10 cl d'eau bouillante, 1 cuil. à café de fond de sauce et 1 cuil. à café de pâte de curry.
• Laisser mijoter le temps de la cuisson des grillades de porc.
• Ajouter les dés de céleri-rave à la viande, napper de sauce et servir.

Accompagnement
Le céleri-rave constitue la garniture

Côtes de porc sauce curry et oignons

Pour 2 personnes

Préparation : 15 min
Cuisson : 15 min

INGRÉDIENTS

4 côtes de porc
2 cuil. à soupe d'huile d'olive
1 oignon
1 noix de pâte de curry (qui s'achète en pot dans les grandes surfaces)
Sel, poivre du moulin

• Faire chauffer une poêle antiadhésive, y poser les côtes de porc, bien les saisir des deux côtés, baisser le feu et laisser cuire 15 min à feu doux, saler et poivrer.

• Dans une seconde poêle, mettre à chauffer l'huile d'olive, y faire fondre l'oignon émincé très finement, rajouter éventuellement 1 cuil. à café d'eau pour que l'oignon reste très moelleux et faire cuire jusqu'à ce qu'il commence à peine à se colorer. Ajouter la pâte de curry et bien mélanger le tout.

• Napper de cette sauce les 4 côtes de porc.

Accompagnement

1 petit bol chinois de courgettes sautées (voir p. 269).

Bon à savoir

Le midi, on ajoutera 1 côte de porc par personne et on remplacera les courgettes par 1 bol chinois de semoule.

Dîner

Fonds d'artichauts

Pour 4 personnes

Préparation : 10 min
Cuisson : 25 à 30 min

INGRÉDIENTS
8 artichauts
1/2 citron (jus)
Sel

• Dans un grand faitout, faire bouillir 4 à 5 litres d'eau salée.
• Pendant ce temps, casser la queue des artichauts pour arracher le maximum de fils des fonds et retirer les feuilles dures du tour.
• Laver les artichauts en écartant les feuilles, couper le haut des feuilles.
• Quand l'eau bout, y plonger les artichauts, ajouter le jus d'1/2 citron et laisser cuire de 25 à 30 min.
• Quand ils sont cuits, les égoutter et ôter les feuilles, en veillant à ne pas abîmer les fonds.
• Retirer les fonds et les disposer dans le plat de service.

Bon à savoir
• *On peut manger les fonds d'artichauts chauds en garniture ou froids, accompagnés d'une vinaigrette.*
• *Ces légumes se mangent uniquement le soir à raison d'1 ou 2 fonds par personne.*
• *Surtout, vous ne devez pas augmenter la quantité pour calmer votre appétit.*

Caviar d'aubergine

Pour 2 personnes

Préparation : 15 min
Cuisson : 25 min

INGRÉDIENTS

1 aubergine
1 échalotte émincée
1 gousse d'ail
1/2 citron (jus)
2 cuil. à soupe d'huile d'olive
6 brins de persil
Sel, poivre du moulin

- Préchauffer le four à 200 °C (th. 6-7).
- Laver l'aubergine, la sécher, la percer en plusieurs endroits avec une aiguille.
- La mettre sur la grille du four chaud pendant 25 min, vérifier qu'elle est bien souple.
- Ouvrir l'aubergine et la laisser dégorger pour que le jus amer s'écoule. Ôter la pulpe à l'aide d'une cuillère en bois.
- Mélanger la pulpe avec le persil et l'échalote hachés. Ajouter l'huile et le jus de citron, l'ail écrasé débarrassé de son germe.
- Saler, poivrer et mixer.
- Mettre au réfrigérateur pendant au moins 2 h.

Bon à savoir

- *Ce plat se mange uniquement le soir.*
- *Bien qu'il s'agisse d'un légume très léger, on ne dépassera pas 1 petit bol chinois par personne.*

Salade de betterave

Pour 2 personnes

Dîner

Préparation : 5 min

INGRÉDIENTS

1 betterave cuite (250 g environ)

Vinaigrette

1 cuil. à café de vinaigre de vin
2 cuil. à soupe d'huile d'olive
1/2 cuil. à café de moutarde forte de Dijon
5 brins de persil
Sel, poivre du moulin

• Peler la betterave cuite, la couper en petits cubes et la disposer dans un saladier.
• L'arroser d'une vinaigrette agrémentée de moutarde et décorer de persil haché.

Carottes à l'étouffée

Pour 2 personnes

Préparation : 10 min
Cuisson : 1 h

INGRÉDIENTS

3 carottes moyennes
3 échalotes
1 cuil. à soupe d'huile d'olive
Sel, poivre du moulin

- Gratter les carottes et les couper en rondelles.
- Éplucher les échalotes et les émincer.
- Dans une sauteuse, faire chauffer l'huile d'olive et y mettre les échalotes. Quand elles sont bien transparentes, ajouter les rondelles de carottes, saler, poivrer et faire cuire à couvert environ 1 h.

Purée de carottes

Pour 4 personnes

Préparation : 20 min
Cuisson : 30 min

INGRÉDIENTS

500 g de carottes
Sel, poivre du moulin

• Éplucher les carottes et les couper en rondelles.
• Les faire cuire 30 min dans de l'eau bouillante salée puis les réduire en purée. Saler, poivrer et mélanger.

Céleri-rave

Pour 2 personnes

Préparation : 10 min
Cuisson : 10 min

INGRÉDIENTS

1/4 de boule de céleri
1/2 citron (jus)

- Éplucher la boule de céleri-rave, la couper en tranches de 1 cm d'épaisseur puis en cubes.
- Plonger les cubes dans l'eau bouillante salée pendant 10 min puis les égoutter.
- Servir en arrosant du jus de citron.

Bon à savoir

- *Il accompagnera le soir à raison de 2 grosses cuil. à soupe par personne, un poisson, une viande blanche ou une volaille.*
- *Le céleri-rave se garde très bien au réfrigérateur 2 ou 3 jours et peut se congeler en parts uniques ou pour 2 personnes.*

VARIANTE

Purée de céleri

- Une fois les légumes cuits à l'eau bouillante, mouliner les cubes de céleri au moulin à légumes.
- Mouiller cette purée avec 1 louche d'eau de cuisson.

Étouffée de chou rouge au genièvre et au porto

Pour 4 personnes

Préparation : 10 min
Cuisson : 25 min

INGRÉDIENTS

1/2 chou rouge d'environ 500 g
1 pomme fruit
1 oignon
1/2 cuil. à soupe d'huile d'olive
1,5 cuil. à soupe de porto
1,5 cuil. à soupe de vinaigre de vin
1,5 cuil. à soupe d'eau froide
1 branche de thym
1/2 feuille de laurier
5 baies de genièvre
Sel, poivre du moulin

- Couper le chou rouge en rondelles de 1 cm d'épaisseur et détailler celles-ci en lanières. Peler et couper la pomme en morceaux.
- Dans une sauteuse, mettre à chauffer l'huile d'olive, y faire revenir l'oignon émincé puis y déposer le chou émincé avec le genièvre, le thym et le laurier.
- Saler, poivrer. Arroser de porto, de vinaigre et d'eau. Couvrir et laisser cuire à feu moyen pendant 20 min. 10 min avant la fin de la cuisson, ajouter les dés de pomme.
- Découvrir et laisser cuire jusqu'à évaporation du liquide.

Bon à savoir

On divisera le chou en parts unitaires de 2 ou 3 cuil. à soupe, qu'on pourra très bien congeler pour un accompagnement futur de poisson, lapin, gibier ou volaille.

Courgettes sautées

Pour 2 personnes

Préparation : 10 min
Cuisson : 15 à 20 min

INGRÉDIENTS

3 courgettes moyennes
1 oignon
1 cuil. à soupe de grains de coriandre
1 branche de thym
1 cuil. à soupe d'huile d'olive
Sel, poivre du moulin

- Laver les courgettes, après en avoir ôté les deux extrémités, les couper en quatre dans la longueur puis en petits dés. Émincer l'oignon.
- Dans une sauteuse, faire revenir l'oignon émincé. Dès qu'il commence à prendre couleur, ajouter les dés de courgettes. Mélanger et laisser cuire à couvert pendant 10 min.
- Ajouter le thym et les grains de coriandre. Saler, poivrer. Continuer la cuisson à découvert 5 à 10 min.
- Servir bien chaud.

Dîner

Courgettes à l'orientale

Pour 6 personnes

Préparation : 15 min
Cuisson : 45 min

INGRÉDIENTS

500 g de courgettes
1 kg de tomates
3 oignons
2 gousses d'ail
1 racine de gingembre de 8 cm râpée
1 pincée de coriandre en poudre
1 cuil. à café de cumin en poudre
1/2 cuil. à café de poudre à chili
5 cl d'eau
Sel

- Peler et épépiner les tomates. Émincer les oignons.
- Laver les courgettes, couper les extrémités.
- Les couper en deux dans le sens de la longueur et les émincer en tranches de 1 cm d'épaisseur.
- Dans une sauteuse, mettre les oignons émincés, les gousses d'ail débarrassées de leur germe et écrasées, le gingembre, la coriandre, le chili et le cumin.
- Mouiller avec 5 cl d'eau, mélanger et faire fondre à feu moyen environ 5 min.
- Ajouter les tomates, saler, bien mélanger et faire cuire 15 min.
- Enfin, ajouter les courgettes et cuire le tout pendant 25 min toujours à feu moyen.

Bon à savoir

- *Les courgettes accompagneront tous les plats du soir et pourront se manger chaudes ou froides.*
- *On ne dépassera pas 1 bol chinois par personne, bien que ce soit un légume très léger.*

Endives au citron

Pour 2 personnes

Préparation : 10 min
Cuisson : 15 min

INGRÉDIENTS

4 petites endives
2 cuil. à soupe d'huile d'olive
1 citron (jus et zeste)
1 cuil. à café de sucre en poudre
Sel, poivre du moulin

- Éplucher les endives : ôter les feuilles abîmées, couper le pied et, avec un couteau pointu, éliminer le centre du trognon où se concentre l'amertume.
- Dans une sauteuse antiadhésive à fond épais, faire chauffer l'huile d'olive.
- Couper les endives en rondelles, les jeter dans la sauteuse avec le jus du citron et le zeste râpé de la moitié du citron, le sucre en poudre, le sel et le poivre.
- Couvrir et laisser mijoter jusqu'à ce que les endives aient rendu leur eau.
- Servir sur des assiettes chaudes avec un poisson, par exemple un filet de merlan au citron (voir p. 205).

Bon à savoir
D'une manière générale, on comptera 2 petites endives par personne, 1 seule si elles sont très grosses.

Endives à l'orange

Pour 2 personnes

Préparation : 5 min
Cuisson : 15 min

Ingrédients

- **4 petites endives**
- **2 cuil. à soupe d'huile d'olive**
- **1 orange (jus)**
- **1/2 orange (zeste)**
- **1 cuil. à café de sucre en poudre**
- **Sel, poivre du moulin**

• Dans une sauteuse antiadhésive à fond épais, faire chauffer l'huile d'olive.
• Couper les endives en rondelles, les jeter dans la sauteuse avec le jus d'orange et le zeste râpé, le sucre en poudre, le sel et le poivre.
• Couvrir et laisser mijoter jusqu'à ce que les endives aient rendu leur eau.

Endives braisées

Pour 2 personnes

Préparation : 5 min
Cuisson : 14 min

INGRÉDIENTS

4 petites endives
15 g de beurre
1/2 citron (jus)
1 cuil. à café de sucre en poudre
Sel, poivre du moulin

• Éplucher les endives : enlever les feuilles abîmées couper le pied et, avec un couteau pointu, éliminer le centre du trognon où se concentre l'amertume.
• Essuyer les endives, ne pas les laver cela augmenterait l'amertume.
• Les couper en tronçons d'1 cm environ.
• Faire fondre le beurre dans une sauteuse, ajouter les endives, arroser avec le jus de citron, saler poivrer et saupoudrer de sucre.
• Couvrir, faire cuire 7 min, enlever le couvercle et poursuivre la cuisson encore 7 min à feu un peu plus vif pour faire évaporer un maximum d'eau.

Dîner

Champignons à l'échalote

Pour 2 personnes

Préparation : 10 min
Cuisson : 8 à 10 min

INGRÉDIENTS

200 g de champignons de Paris
2 échalotes
25 g de beurre
1 cuil. à soupe d'huile d'olive
1 cuil. à café de persil
Sel, poivre du moulin

• Dans une poêle, faire fondre le beurre avec l'huile d'olive.
• Quand le mélange est chaud, faire revenir les 2 échalotes hachées.
• Quand elles sont transparentes, y ajouter les champignons coupés en lamelles. Saler et poivrer.
• Faire cuire à feu vif en remuant de temps en temps jusqu'à évaporation de l'eau rendue par les champignons.
• Saupoudrer de persil haché au moment de servir.

Bon à savoir
• *Les champignons peuvent accompagner aussi bien un plat du soir que du midi.*
• *La quantité sera la même midi et soir : 1 bol chinois en moyenne par personne.*

Navets glacés

Pour 2 personnes

Préparation : 5 min
Cuisson : 15 à 20 min

INGRÉDIENTS

200 g de navets
25 g de beurre
1/2 cuil. à café de sucre en poudre
Sel

• Faire cuire les navets à l'eau bouillante salée pendant environ 10 à 15 min selon la grosseur.
• Les égoutter et les couper en quatre ou huit morceaux suivant leur taille.
• Dans une poêle, faire chauffer le beurre, y faire revenir les navets.
• Saupoudrer les navets d'1/2 cuil. à café de sucre en poudre pour les faire légèrement caraméliser.
• Servir sur des assiettes chaudes.

Bon à savoir
Le peu de sucre sur les navets ne gênera pas la gestion d'un diabète.

Fondue de poireaux

Pour 2 personnes

Préparation : 10 min
Cuisson : 15 à 20 min

INGRÉDIENTS

200 g de blanc de poireau
30 g de beurre
1 cuil. à soupe d'huile d'olive
1/4 de cuil. à café de sucre en poudre
Sel, poivre du moulin

- Éplucher les poireaux, ôter une grande partie du vert et couper le blanc en fines rondelles.
- Les faires tremper dans l'eau tiède pour bien éliminer la terre.
- Dans une sauteuse antiadhésive à fond épais, faire chauffer l'huile et le beurre.
- Quand le beurre est fondu, y jeter les poireaux saler, poivrer et saupoudrer de sucre en poudre.
- Couvrir et laisser mijoter très doucement entre 15 et 20 min en remuant de temps en temps car les poireaux noircissent et attachent très rapidement.

Bon à savoir

Cette fondue se marie très bien avec les coquilles Saint-Jacques (voir p. 215).

Tomates farcies aux herbes

Pour 2 personnes

Préparation : 5 min
Cuisson : 15 min

INGRÉDIENTS

4 tomates
1 cuil. à café d'huile d'olive
1 grosse pincée de romarin
1 grosse pincée de thym
1 grosse pincée de persil
Sel, poivre du moulin

- Préchauffer le four à 210 °C (th. 7).
- Laver les tomates, les creuser légèrement autour du pédoncule et mettre dans la cavité 1 grosse pincée de romarin, de thym et de persil.
- Saler, poivrer et ajouter 1 cuil. à café d'huile d'olive.
- Enfourner pendant 15 min.

Tomates à la provençale

Pour 2 personnes

Préparation : 10 min
Cuisson : 6 à 8 min

INGRÉDIENTS

- **4 tomates fermes**
- **2 cuil. à café de persil haché**
- **1 gousse d'ail**
- **1 cuil. à soupe d'huile d'olive**
- **Sel, poivre du moulin**

• Laver les tomates, les essuyer. Les couper en deux et les épépiner.

• Dans une poêle, faire chauffer l'huile d'olive. Quand elle est chaude, y déposer les tomates, le côté chair sur la poêle. Laisser dorer les tomates sur feu doux, puis les retourner.

• Saler, poivrer et parsemer de persil haché et d'ail écrasé.

• Faire chauffer encore quelques instants avant de servir.

Ratatouille

Pour 6 personnes

Préparation : 30 min
Cuisson : 1 h

INGRÉDIENTS

2 oignons émincés
6 tomates
6 courgettes
3 aubergines
4 poivrons (2 verts et 2 rouges)
1 citron ou du vinaigre balsamique
4 gousses d'ail
1 cuil. à café de thym
1/2 bouquet de basilic
1 bouquet garni (persil, laurier)
5 cl d'huile d'olive
Sel, poivre du moulin

- Dans une cocotte, faire chauffer l'huile d'olive, y faire fondre les oignons.
- Quand ils sont transparents, ajouter les poivrons coupés en dés puis les tomates pelées et coupées en huit.
- Cuire 5 min et ajouter les courgettes et les aubergines coupées en rondelles.
- Presser les gousses d'ail, saupoudrer de thym, saler et poivrer.
- Mélanger et ajouter 1/2 bouquet de basilic et le bouquet garni (persil, laurier).
- Laisser mijoter 20 min à couvert, puis découvrir pour éliminer le surplus de liquide.

Bon à savoir

Vous pouvez réaliser une ratatouille glacée en plaçant la préparation au réfrigérateur. La servir arrosée d'1 jus de citron ou d'1 trait de vinaigre balsamique.

Table des recettes

Petit déjeuner

Déjeuner

Goûter

Dîner

Remerciements

À Laure, Emmannuelle, Hélène et Louise et à toute cette merveilleuse équipe d'Albin Michel grâce à laquelle vous trouverez, nous l'espérons, beaucoup de plaisir à nous lire.

À Lili, gentille petite fourmi travailleuse, avec notre affectueuse amitié

Conception graphique : Stéphanie Le Bihan

Composition I.G.S.
et impression Bussière Camedan Imprimeries
en décembre 2003.
N° d'édition : 22347. – N° d'impression : 035915/4
Dépôt légal : février 2000.
Imprimé en France